这才是孩子爱看的 Roc

洛克菲勒

写给 儿子 的 家书

青蓝图书◎编译

北京日报出版社

图书在版编目（CIP）数据

这才是孩子爱看的洛克菲勒写给儿子的家书 / 青蓝
图书编译. –– 北京：北京日报出版社，2024.4
　　ISBN 978-7-5477-4800-8

　　Ⅰ.①这… Ⅱ.①青… Ⅲ.①洛克菲勒（Rockefeller, John Davison 1839–1937）—书信集 Ⅳ.① K837.125.38

　　中国国家版本馆 CIP 数据核字 (2023) 第 255353 号

这才是孩子爱看的洛克菲勒写给儿子的家书

出版发行：北京日报出版社
地　　址：北京市东城区东单三条 8-16 号东方广场东配楼四层
邮　　编：100005
电　　话：发行部：（010）65255876
　　　　　　总编室：（010）65252135
印　　刷：亿联印刷（天津）有限公司
经　　销：各地新华书店
版　　次：2024 年 4 月第 1 版
　　　　　　2024 年 4 月第 1 次印刷
开　　本：710 毫米 ×1000 毫米　　1/16
印　　张：12.5
字　　数：142 千字
定　　价：60.00 元

窥见上帝秘密的人

约翰·戴维森·洛克菲勒曾说过，他年轻时有两个梦想：一是要赚到 10 万美元，二是要活到 100 岁。

从 1839 年 7 月 8 日到 1937 年 5 月 23 日，仅差两年洛克菲勒就可以完成他的百岁梦想，如果说这一点让他有点儿遗憾的话，那么他"赚到 10 万美元"这个梦想却轻松地实现了。不仅如此，他还创立了至今无人超越的石油帝国，也成了美国当时毫无争议的首富。

1910 年，洛克菲勒的财富达到 10 亿美元，成为美国历史上第一个"亿万富翁"，而 1909 年美国的工业生产总值约为 200 亿美元，国内生产总值（GDP）约为 300 亿美元。也就是说，洛克菲勒一个人的财富就占了美国国内生产总值的 1/30！

在洛克菲勒去世 70 周年之际，世界著名财经杂志《福布斯》对美国历史上的富豪做出了评估。福布斯排行榜所引用的个人资产总额均为上榜富豪在巅峰期的数据。福布斯对照当时的美国国内生产总值，将所有人的个人资产转化为 2006 年的美元。结果得出，如果洛克菲勒还健在，他的个人资产将达到 3053 亿美元，不仅位居美国富豪榜第一，在世界上也是第一。而当年的世界首富比尔·盖茨的总资产是约 500 亿美元，他将洛克菲勒视为偶像，他说："我心目中的赚钱英雄只有一个——约翰·戴维森·洛克菲勒。"

作为一个世界上著名的商业奇才，他被人惊呼是"窥见上帝秘密的人！"

"石油大王"洛克菲勒的传奇人生

1839 年 ⋯⋯⋯⋯ **出生**
出生于美国纽约州里奇福德镇

1853 年 ⋯⋯⋯⋯ **14 岁**
全家搬到俄亥俄州克利夫兰市

1855 年 ⋯⋯⋯⋯ **16 岁**
在福尔索姆商业学院克利夫兰分校进修

1858 年 ⋯⋯⋯⋯ **19 岁**
克拉克－洛克菲勒公司成立

1862 年 ⋯⋯⋯⋯ **23 岁**
在美国内战中积累第一桶金 1.7 万美元

1863 年 ⋯⋯⋯⋯ **24 岁**
投资石油业,安德鲁斯－克拉克公司成立

1865 年 ⋯⋯⋯⋯ **26 岁**
洛克菲勒－安德鲁斯公司成立

1870 年 ⋯⋯⋯⋯ **31 岁**
创立标准石油公司

1878 年 ⋯⋯⋯⋯ **39 岁**
标准石油公司统治美国炼油业,控制了美国几条大铁路

1890 年 ⋯⋯⋯⋯ **51 岁**
创办芝加哥大学

1901 年 ⋯⋯⋯⋯ **62 岁**
创办洛克菲勒大学

1911 年 ⋯⋯⋯⋯ **72 岁**
标准石油公司被拆解

1913 年 ⋯⋯⋯⋯ **74 岁**
洛克菲勒基金会成立,前身是 1904 年成立的公共教育基金

1937 年 ⋯⋯⋯⋯ **98 岁**
逝世于佛罗里达州

目 录

第1封家书：相信自己才能相信未来

1897 年 7 月 19 日

　　我们不能左右风的方向，但我们可以调整风帆——选择我们的态度。一旦我们选择看重自己的态度，那些"我是个没用的人""我是个无名小卒""我算老几""我一文不值"等贬低自己、消磨意志的想法就会消失殆尽。

　　1897 年 7 月 19 日，洛克菲勒受邀在自己投资建立的芝加哥大学发表演讲。面对充满青春活力的学生，洛克菲勒感慨良多。

"一个人的身高、体重、学历或家庭出身并不能作为衡量成功的标准，能作为标准的是我们的思想。今后你想成为什么样的人，是由你的思想来决定的。"

　　"我们自己要看重自己，首先要克服掉最大的弱点——自卑，要切记决不能自己看轻自己。"

　　洛克菲勒回想着在芝加哥大学礼堂演讲时的情形，担心小儿子约翰也会遇到学生们提出的那些问题，于是便提笔给约翰写了一封家书。

　　"亲爱的约翰，你知道吗，我们都会受'我以为是怎样'思想的影响，因为自卑而看轻自己。"

"那些以为自己'不重要'的人，就真的会成为'不重要'的人。那些坚信自己具有'承担重大责任的能力'的人，就真的会变成一个能担当大任的人物。"

"我们要相信自己很重要，而且一定要从心底里这样认为，只有这样别人才会有同样的想法，进而认同你。"

"每个人都想获得别人的尊重，但有一个前提，首先要觉得自己确实值得尊重。当我们越尊重自己时，别人也就会越尊重我们，这与职业无关。"

"每个人都希望将来的自己成为重要的人。不信你去看看你的邻居、你的老师、你的同学、你的朋友、你自己，有谁不想变成重要人物呢？全都想！"

"但后来我们发现，很多人将本可以实现的目标变成了黄粱一梦。在我看来，这不过是态度问题。我们无法左右风的方向，但我们可以像调整风帆一样调整我们的态度。"

"贬低自己、意志消沉、信心不足、自暴自弃都是失败者的思想。要以'我能！而且我会！'的积极心态去面对一切困难。"

"约翰，你要相信，在通往成功的道路上铺满了闪闪发亮的黄金，但这条路是一条单行道。从现在开始，你要保持乐观的态度。"

"乐观常常被哲学家称为'希望'。但我要告诉你，这是对乐观的曲解！**其实乐观也是一种信念，这种信念就是：相信生活中乐多苦少，相信即使人生不如意的事情十之八九，但好事终会来临。**"

"提高你的思考能力，有助于提升各种行动的水平，从而让你大有作为。"

第 2 封家书：起点不能决定终点

1897 年 7 月 20 日

每个人的人生起点不同，或高或低，但这并不意味着人生最后的结果会因此而定型。人的命运由自己的行动决定，而非出身。

1897 年 7 月，洛克菲勒决定让约翰到标准石油公司上班，接手自己的产业。10 月，年仅 23 岁的约翰进入公司，开启职业生涯。

"亲爱的约翰，也许你还没有做好一个人去开拓世界的准备，但你要知道，我所在的这个商业世界，将是你生活的全新起点，这里充满了各种挑战和机遇。"

"你希望我能永远带着你拼搏，这看起来是个不错的主意，但是你要知道，我不可能永远当你的船长。上帝之所以赐予我们双脚，就是要让我们靠自己的双脚走路。"

"我决定将你留在身边，你的起点虽然比其他孩子高，但我希望你能适应。父母的地位只是孩子的人生起点，并不是终点，孩子的人生需要自己去打拼。"

"起点不同，并不能决定人生结果。如你所知，我小时候家境十分贫寒。但在这个世界上，永远没有穷富家传的宿命，也永远没有成败世代遗传的说法，有的只是'奋斗能成功'的真理。"

"家族过去的荣耀和成就，并不能保证其子孙后代的未来会前程似锦。我承认，早期的优势的确大有裨益，但它并不能保证你最后会赢得胜利。"

"由于富家子弟一开始获得了优势，他们反而很少有机会去学习和掌握生存所需要的技能。出身卑微的人因为生活所迫，强烈地想摆脱自身处境，反而激发出创造力和自身才能，从而成就一番事业。"

"在你和姐姐小的时候，我就有意识地不让你们知道我是个大富翁，我向你们讲述最多的还是'节俭''个人奋斗'之类的价值观念。"

"有些富家子弟缺乏普通人身上那种拯救自己的野心，反而希望天上掉馅饼，祈祷上帝赐予他们成就。一个能够享受到自己成就的人，才会真正的快乐。那些像海绵一样，只知道吸取却不付出的人，只会失去快乐。"

"在我看来，高贵快乐的生活，不是来自高贵的血统，也不是来自上流社会的奢华生活，而是源自高贵的品格——自立精神。"

"我相信优秀的品格比世界上任何财富都更有价值，会带你开创辉煌的未来，并将助你获得充实的人生，从而走向成功。"

"你需要建立这样的信念：**起点可能影响结果，但不会决定结果；诸如能力、态度、性格、理想、方法、经验和运气等因素，在人生和商业中都扮演着极为重要的角色。**"

"虽然你的人生才刚开始，但一场'人生之战'已摆在你面前。"

"我能深切感觉到你渴望成为这场战争的胜者，但你要知道，每个人都有像你一样渴望胜利的心，只有做好准备的人才会赢得胜利。"

第3封家书：做一个"聪明的傻瓜"

1897 年 10 月 9 日

有时候能够做"聪明的傻瓜"很重要，这跟"大智若愚"很相似。装傻并不是真的傻，而是摆低姿态，变得谦虚，因为就像那句格言所说的——越是成熟的稻子，越是垂下饱满的稻穗。

自从标准石油公司总部搬到纽约后，洛克菲勒就很少回老家克利夫兰了……

"亲爱的约翰，我知道你是布朗大学的优秀毕业生，但是你应该知道，知识只是空谈，除非你能把它付诸实践，否则将一无所得。"

"学问本身并不意味着什么，必须在实践中活学活用，才能发挥出它的作用。而要成为能够活用学问的人，你必须首先成为具有行动能力的人。"

"行动能力从哪里锻炼出来呢？在我看来，它就潜藏在吃苦之中。"

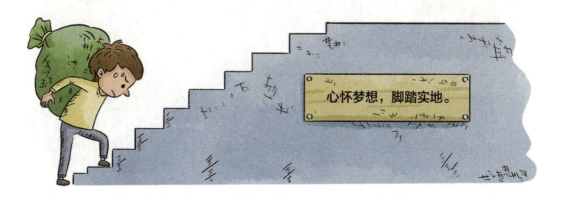

"我的经历告诉我，从充满困苦、不幸和失败的艰难之路走过来，不仅能够铸就我们坚毅的性格，还能塑造我们成就大事的能力。"

"在这个世界上只有两种人头脑最聪明：一种是能够利用自己的聪明人，例如，艺术家、学者和演员；另一种是能够利用别人的聪明人，如经营者与领导者。"

"很多有知识的人碍于所谓的自尊心、荣誉感，对'不懂'总是难以启齿、刻意回避。在他们眼中，表示自己不懂、向别人讨教是非常丢人的事情，甚至把'无知'当成一种罪恶。"

"自作聪明的人是不折不扣的傻瓜，懂得装傻的人才有聪明的头脑。如果说聪明是获得利益的标准，那我显然不是一个傻瓜。有一次装傻的情景，让我至今难忘。"

"装傻的真正含义是放低姿态、谦虚而谨慎，也就是说把你的聪明隐藏起来，就像那句格言所说——**越是成熟的稻子，越是垂下饱满的稻穗。**"

"我在经商中始终奉行的格言是'让我等等再说'，所以我做事有一个习惯，那就是在做决定之前，总会冷静地思考判断。但是一旦我做出决定，就会坚定不移地把它做到底。"

第4封家书：干一行就要爱一行

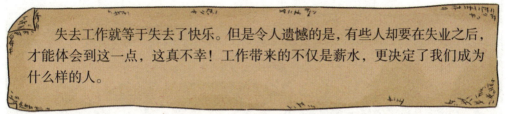

失去工作就等于失去了快乐。但是令人遗憾的是，有些人却要在失业之后，才能体会到这一点，这真不幸！工作带来的不仅是薪水，更决定了我们成为什么样的人。

1897 年 11 月，约翰以"接班人"的身份在标准石油公司工作已满一个月。洛克菲勒虽然过上了舒心的退休生活，但仍时时挂念着标准石油公司和刚接班的儿子。

工作才是快乐啊——想起一个寓言，我得告诉儿子。

先生，您都退休了，怎么反而更忙了呢？

谁都会懈怠，我得让约翰端正一下对工作的态度。

工作一个月，感觉整个人都被掏空了。

"亲爱的约翰，不知道你工作累不累、适不适应，我忽然想起一个有关工作的寓言，想讲给你听。"

"在古老的欧洲，有个人死后，发现自己到了一个奇妙无比的地方，在那里他能享受一切。"

"他在那里品尝所有的佳肴，尽情享受着声色犬马的生活。然而终于有一天，这一切让他感觉索然无味了。这个年轻人一下子就沮丧到了极点。"

"约翰，这则寓言告诉我们：失去工作就等于失去了快乐！然而，令人遗憾的是，有些人往往在失业之后，才领悟到这一点，这真是太不幸了！"

"工作像盐一样是我们生命的调味品。但是，我们必须先热爱工作，它才能带给我们最大的恩惠，让我们收获更丰硕的果实。"

"在任何行业中，能够爬到顶峰的，都是那些全身心投入工作的人。这些人由衷地喜爱自己所从事的工作，能够获得成功也就没有悬念了。"

"**热爱工作是一种信念。怀着这样的信念，我们就能把'绝望大山'凿成'希望磐石'**。一位伟大的画家说得非常好——痛苦终将会过去，但美丽将会永存。"

"那些有远见卓识的人，拼命工作决不是只为了薪水，他们的工作热情之所以高涨，是因为他们从事的是自己痴迷的事业，这比单纯地赚钱欲望更为高涨。"

"正是休伊特－塔特尔公司把我带进了妙趣无穷、天地广阔又绚丽多彩的商业世界。在这里，我学会了尊重数字与事实，看到了运输业的强大力量，更培养了我成为商人应具备的能力与素养。"

"有些人只是将工作看成一种折磨。从他们嘴里最常说出的话就是：我很累。"

"有些人永远把工作当作负担，从他们嘴里经常听到的话就是：我要养家糊口。"

"还有些人永远以工作为荣，以工作为乐，从他们嘴里经常说出的话就是：我做的这份工作很有意义。"

"无论工作大小，只要你觉得它有意义，你就会感到快乐。当你抱怨工作累人时，即使什么事都没做，你也会感到精疲力竭。反之，一切就大不同了。"

"如果你视工作为乐趣，人生就好比天堂；如果你视工作为负担，人生就好比地狱。"

"约翰，看完此信，我希望你能审视一下自己的工作态度，那样我们都会感到无比愉快。"

第5封家书：别让拖延毁了未来

在这个世界上从来不缺乏有想法的空想家，但真正能成功的是那些能够披荆斩棘的实践者。也许行动不见得必然成功，但不行动绝对不会有所成就，何况失败也是另一种收获。

1897 年的圣诞节，是洛克菲勒退休、小儿子约翰进入标准石油公司后的第一年。在圣诞节时给约翰写信并鼓励他再好不过了。

圣诞节要来了，我要给约翰准备一份特殊的礼物。

"教育涵盖了许多方面，但它本身不教你任何一面。这句话告诉我们一个真理：如果你不采取行动，世界上最实用、最美丽、最可行的哲学也无法行得通。"

行动才是真理。

思考让我快乐。

行动力 + 思考力

"事实上，充分准备和实际行动是做事情的两个方面。准备太多却迟迟不行动，最后不过是白白浪费时间。"

"我们不能在演练、计划的怪圈里徘徊，而是必须认识到这样的现实：不论计划多么周密，我们仍然不可能准确预测到什么才是最后的解决方案。计划是获得好结果的第一步，但计划并非行动，更无法代替行动。"

"很多缺乏行动的人都太过天真，喜欢坐等事情发生，甚至还天真地以为，别人会在意他们的事情。但事实上人们只在意自己的事情。"

"当你有一笔生意时，获利越多就要越主动行动。这时候，我们最该做的就是前进一步，如果我们懒惰退缩，坐等别人主动上门，那么结果一定不是我们所期望的。"

"人生中没有什么比想得太多、做得太少更让人遗憾的了，想得太多不但让我们没有足够的时间去做，反而会因此感到每件事情都无比复杂。"

"时间是有限的，任何人都无法完成所有的事情。聪明的人知道，并非所有的行动都会有好的结果，只有明智的行动才能实现自己想要的结果。"

"人生随时都有机会，但是几乎没有哪个机会是十全十美的。那些被动的人一生碌碌无为，恰恰是因为他们一定要等到百分之百有利、万无一失的机会出现以后才去做，这是多么愚蠢的做法啊！"

"我们追求完美，但世界上没有一件绝对完美的事情，有的只是接近完美。如果等所有条件都完美了才去做，那只能永远等下去，还会将机会拱手让给别人。"

"那些总是要等到所有事情都准备妥当才出发的人，永远也走不出家门。要想变成'现在就去做'的人，就必须停止做白日梦。"

"真正懂得如何行动的人会告诉自己，每个人都有失败的时候，都可能败得很惨；他们也会告诉自己，不管做了多少准备、考虑了多久，一旦真正着手去做，都难免会犯错误。"

"在这个世界上，从来都不缺少有想法、有主见的人，但懂得将一个好主意成功付诸实践的人却寥寥无几，而这要比在家里空想出一千个好主意有意义得多。"

"人们信任那些脚踏实地的人，他们会想：这个人敢说更敢做，一定知道怎么做才最好。我从没有听过有人因为不麻烦人、没有采取行动或要等别人下令才做事而受到赞扬的。"

"要养成现在就做的习惯，最重要的是有积极主动的精神，抛弃懒散的坏习惯，同时还要做一个勇于行动的人。"

"培养行动的习惯，并不需要什么特殊的聪明才智或专门的技巧，只需要在生活中努力耕种，让好习惯从中开花结果就行。"

"人生就像一场伟大的战斗。为了胜利，你需要行动，再行动，永远行动！只有这样，你的安全才能得到保障。"

第 6 封家书：害怕失败的人难以成功

1898 年 10 月 7 日

在这个世界上，从不缺乏有好点子的人，但成功者寥寥，究其原因是很多人害怕失败，因胆怯而让机会溜走。事实上，幸运之神总是偏爱那些敢于抓住时机、敢于冒险的人。请大胆地尝试吧，好运终会降临！

1898 年 10 月 7 日，洛克菲勒坐在书房中叹气，原因竟是他的女儿塞迪交了好运。

洛克菲勒担心小儿子约翰也会过度依赖运气，便提笔给约翰写了一封家书。

"我可不想塞迪因为那些钱而得意忘形。请观察一下你身边的幸运者：他们是在遇见了幸运之神之后才变得自信和大胆，还是这些优秀的品质让他们与幸运之神相遇呢？我的答案是后者。'幸运之神眷顾勇者'，这是我一生的格言。"

"何为勇者？既不是目中无人的狂徒，也不是没有头脑的莽汉，而是像一个军事战略家那样，用自己绝佳的判断力去计划好每一步，做好每一个决定。这让我想到了十几年前的一件事情……"

"那时，所有人都担心原油会枯竭，连我的助手都偷偷卖掉了公司的股票。"

"直到俄亥俄州莱玛镇的石油被发现，大家才再次看到希望。然而不幸的是莱玛镇的石油散发着一种异常的臭味，怎么也去除不掉。"

"我的内心充满了忧虑，因为我们已经建造了世界级的巨型炼油厂，它就像一个饥饿的婴儿需要母亲的乳汁一样，需要吃掉源源不断的原油。"

"那时宾夕法尼亚州的油田正在枯竭，其他几个小油田也已经开始减产，一旦我们掌控了莱玛镇的石油，就可以继续当赢家。该我行动了，无论如何不能等下去啦！"

"将自己的意见强加于人不是我的性格。我相信，科学会解决我们担忧的问题。所以我决定，用我自己的钱来做这项投资，并愿意承担两年的风险。"

"我们最终成功了！我们倾尽全力，将巨额资金投到了莱玛镇，而回报更是惊人——全美最大的原油生产基地被我们牢牢地抓在了手中。"

"**胜利不一定都属于强者，那些警惕性高、精神满满、勇往直前的人同样会获得成功。**比起谨慎，勇敢和大胆要更引人注目、受人欢迎，也更加具有吸引力。"

第7封家书：输不起的人赢不了

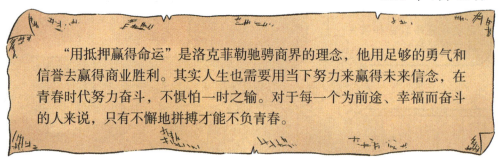

"用抵押赢得命运"是洛克菲勒驰骋商界的理念，他用足够的勇气和信誉去赢得商业胜利。其实人生也需要用当下努力来赢得未来信念，在青春时代努力奋斗，不惧怕一时之输。对于每一个为前途、幸福而奋斗的人来说，只有不懈地拼搏才能不负青春。

1899 年 4 月 18 日，洛克菲勒在书房走来走去，一直在思考小儿子约翰跟他借钱的事。

　　洛克菲勒回想起自己创业之初，甚至是小有成就之后，内心也总被那种输不起的感受包围。因为借钱事件，洛克菲勒担心小儿子约翰会被这种感受统治，便想让他明白"借钱生钱"的道理，于是提笔给约翰写了一封家书。

"常听人说，爱冒险的人经常会失败，但那些傻瓜哪个不是如此呢？"

"我在每次失败之后，总能重新振奋精神，下定决心再次借钱。事实上，为了进一步发展，我别无他法。"

"**我们不断面临着新的挑战，同时也是转机，但转机又被巧妙地伪装成无法解决的问题。**即使是借钱我们也要抓住机会。"

"在我有所接触的富翁中，只靠自己一点一滴、日积月累攒钱发家的人寥寥无几，更多的人是靠借钱经营而致富。"

"人生就是一个不断追求未来的过程，我们付出青春去追求前途，消耗生命的光华去追求幸福。当我从银行家那里借到巨款时，不仅用我的企业，更是用我的信誉，来为商业成功做抵押。"

　　"在同商业伙伴商讨问题时，我向来不弄虚作假，也不含糊其词，坚持说真话，因为我坚信，任何谎言在阳光下终会现出原形。"

　　"对别人诚实，获得的回报将是巨大的，那些熟知我品行的银行家们，曾不止一次向我伸出援手，支撑我从难以摆脱的危机中走出来。"

"诚实是一种方法，更是一种策略。因为我的诚实赢得了银行家们乃至更多人的信任，我也正是凭借这份信任才渡过一道道难关。"

"你要牢记，机遇隐藏在细节中，但永远不要让细节摧毁你的热情！若想成功，你要记住两点：一个是战术，另一个是战略。"

"你为赢得一场伟大人生而迈进，这也正是你一直所期盼的，你需要勇敢，再勇敢！"

第 8 封家书：失败是攀登顶峰的开始

1899 年 11 月 19 日

如何看待失败，是一个永恒的问题。不论遭遇怎样的失败与挫折，我们始终要保持活力、保持坚强，这是我们唯一能做的事情。如果失败之后能再度横刀立马并取得成功，那么别人只会记得你的胜利。

约翰用借来的钱，第一次在华尔街投资就失败了！洛克菲勒不希望儿子因投资失败而一蹶不振，他为了让儿子重拾信心，振作起来，便提笔写下这封家书。

"亲爱的约翰，一次失败并不能说明什么，更不能说明你是无能者。"

"也许正因为这个世界上有太多让人无奈的失败，所以追求卓越才显得如此魅力非凡，让人竞相追逐，甚至不惜付出生命的代价。

"我年轻时也是一样的，只是和有些人不同，我把失败当作一杯烈酒，喝下去的是苦涩，吐出来的却是振奋的精神。"

"我当时满腔热血地踏入商界，祈求新创建的公司一切顺利，但一场灾难性的风暴却袭击了我们。当时我购进了一批大豆准备大干一场，没想到风暴和霜冻彻底击碎了我的美梦！"

"大豆生意注定是失败了，但我并没有唉声叹气，而是通过'暗度陈仓'借贷到钱，渡过了难关。我想了一个办法，让人在报纸上登广告，说我们公司获得了新投资，新大豆也马上到货。"

"正是通过非凡胆略和日夜勤奋的工作，那一年，我非但没有受'大豆事件'的影响，反而还小赚了一笔。"

"我当时想，绝对不能为了维持现状而停歇不前，那样无疑是退步，但是要想前进，就必须善于做决定和敢于冒险。"

"没有人喜欢失败，一旦避免失败成为你做事的动机，你就走上了软弱懈怠之路。"

"你看看那些穷人就会知道，他们并不是无能的蠢材，也并非不努力，而是苦于没有赚钱的机会。逃避风险几乎就等于走向破产，如果你善于利用机会，就能确保自己的胜利。"

"毫不夸张地说，我能有今天的成就，就是踩着失败的螺旋阶梯爬上来的，我是在失败的废墟上崛起的。"

"我是一个聪明的'失败者'，因为我知道向失败学习，从中汲取成功的因子，激发我用自己不曾想到的方法去开创事业。"

"儿子，你最根本的期望是什么？只要你不丢掉它，成功终将属于你！"

"乐观的人会在苦难中看到机会，而悲观的人会在机会中看到苦难。儿子，记住我深信不疑的成功公式：梦想＋失败＋挑战＝成功。"

第9封家书：利益是人性的镜子

1899年11月29日

洛克菲勒告诉约翰：商场如人生，看清自己和对手尤为重要。我们可以让对手教导，但决不教导对手。要始终坚信不被利益蒙蔽眼睛的人才能享受成功的喜悦，能够在利益面前坚守原则的人心灵才真正高尚。

在帮助小儿子约翰重拾投资失败的信心后，洛克菲勒开始帮他分析造成失败的根源——别人的背叛。

"在利益驱使我们追求幸福的同时，要保持自我不堕入罪恶。想做到这一点，最根本的解决方法就是——看清自己和对手。"

"我的人生经历告诉我：利益似乎是最强大的武器，可以让那些本可以彼此相安无事的人、种族、国家纠缠不清，彼此尔虞我诈、生死相搏。"

"在那些骗局、陷阱乃至诽谤、污蔑以及残酷无情的血腥争斗和强盗式的掠夺中，你会发现利益的影子无处不在。"

"我敢断言：在这个世界上，没有不为利益而奔波的人。"

"我一直坚守一个原则：对那些正在朝我开枪的敌人进行反击，这样做永远不会让我良心不安。"

"我非常渴望友谊、真诚、善良和一切能滋养心灵的美好情感，也坚信它们一直都存在；然而，在充满利益纷争的商场，很难得到这种情感。这让我不由得想起当年被欺骗的经历……"

"那些炼油厂主用废铁变成金子的钱，购置设备，重操旧业，公然敲诈我。最终，为了维护跟'铁路大王'谈好的生意，我不得不出钱收购他们瘫痪的工厂。"

"你知道吗，最令我难以忍受的正是我的朋友毫无廉耻地出卖了我。"

"在遭受种种欺骗与谎言后，我只能无奈地告诉自己：你只能相信自己，也只有如此，你才不会陷入被别人蒙骗的境地。"

"针对如何'看清自己和对手'这个问题，我总结了四条原则。"

"原则一：只在对自己有利无害的情况下，才流露出自己的感情。"

"原则二：我可以让对手教导我，但是无论我对那件事多么了如指掌，我永远不去指点对手。"

"原则三：凡事三思而后行，不论别人如何催促，在考虑周全之前决不行动。"

"原则四：警惕那些要求我诚心相待的人，他们这样要求，无非是想从我这里得到好处。"

"商业之战，要知道如何保护自己，并随时准备作战。**命运给予我们的不是失望之酒，而是机会之杯。**好马不会在同一个地方跌倒两次。"

第 10 封家书：有作为的人不靠运气

作为历经 19 世纪美国石油行业惨烈重组大战的大赢家，洛克菲勒坚信，要想有所作为就不能只等待运气光顾。他的信条是：我不依赖天赐的运气，但我靠策划运气平步青云。我相信好的计划会左右运气，甚至在任何情况下，都能成功地影响运气。

1900 年，新的一年来临了！想到刚刚从投资失败中走出来的儿子，洛克菲勒打算给他写封信好好讲一讲自己是如何建立"商业帝国"的。

"亲爱的约翰，你知道吗，我敬佩的人不多，老麦考密克先生是其中一个。因为他身上有着非凡超群的能力，让人不得不敬仰。"

"在法国，麦考密克先生被称为'对世界最有贡献的人'。"

老麦考密克先生的机械，改变了我们的农业生产。

他才是对世界最有贡献的人。

"麦考密克先生是不可多得的商界奇才，留下了家喻户晓的名言——运气是设计的残余物质。"

运气？运气是设计的残余物质。

有人说您从农具商成为商业巨头，运气真好。

"我认为麦考密克先生的意思是，我们创造属于自己的运气，任何行动都不可能完全不考虑运气，运气是和策划相伴而生的。"

运气可不是"瞎猫碰到死耗子"。

"在普通人眼中，运气好像永远是和某些人生来就相伴的，只要发现有人在职位上升迁，或者在商场纵横驰骋，或在某一领域喜获成功，他们总会轻率地说沾了运气的光。"

"我们不能只靠运气活着，但我们可以通过策划运气来取得成功。好的计划影响着运气，我决定跟你讲讲我在石油界采用的'变竞争为合作'的计划，成就'标准石油帝国'的故事。"

"那时候，炼油业恶性竞争，油价一路狂跌。"

"这对消费者来说当然是大喜事，但对炼油商们来说却是灭顶之灾，绝大多数的炼油商都在破产的泥潭里挣扎。"

"我当时非常明白，要想重新让炼油业获利，必须掌控这个行业，消除内部之间的争斗。"

"要想成功实现统一石油业的宏大计划，我必须像战场上的指挥官一样，展开攻击时，选择最有效的武器——钱。"

"就这样，我筹集了上百万美金，成立了标准石油公司。到了第二年，标准石油公司成长壮大，但是如何实施收购计划，还要细细考量。"

"当时克拉克－佩恩公司是一家'明星炼油厂'，一直想挤掉标准石油公司。我在对手做出决定之前，就迅速行动了，我约见了这家公司的最大股东奥利弗·佩恩先生。"

"在接下来不到两个月的时间里，有22家竞争对手归到标准石油公司旗下。"

"在此后的3年时间里，我连续吞并了费城、匹兹堡、巴尔的摩的炼油公司，成为全美炼油业的超级霸主。"

铁路大王
科尼利尔斯·范德比尔特

石油大王
约翰·洛克菲勒

钢铁大王
安德鲁·卡内基

"现在回想起来，我当时真是幸运，如果我和那些炼油商们一样，一味地感叹自己时运不济，或许早已被别人吞并掉了。但是，我策划出了我的运气。"

"策划运气的第一个条件是要明确知道自己的目标，如你要做什么，甚至包括你要成为什么样的人。"

"策划运气的第二个条件是要知道自己可以依靠的资源是什么，比如，地位、金钱、人际关系甚至是能力等。"

"世界上什么事都可能发生，就是不会有天上掉馅饼的好事。**对于那些人云亦云、顽固不化的人，我甚至都不屑一顾。他们的脑子被错误的思想占满，能够全身而退就禁不住沾沾自喜。**"

"每个人都是自己命运的设计师和建筑师，而正是这一真理成为人们取得成功的法宝。"

第11封家书：接受挑战才可能战胜对手

1901 年 2 月 19 日

　　洛克菲勒曾说过一句名言："我需要强有力的人士，哪怕他是我的对手。"每次和对手交锋，都是一个提升自己的机会。面对强大的对手，我们所能做的，就是带上钢铁般的决心，接受各种挑战，而且要情绪高昂并乐在其中，否则，就不会产生好的结果。

　　1901 年 2 月 18 日，洛克菲勒昔日的对手、如今的伙伴本森先生去世了！洛克菲勒不禁想起了当初两人"对战"的峥嵘岁月，感慨良多，于是提笔写下来，寄给了约翰。

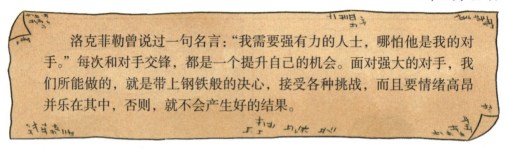

　　"本森先生原本是我在建立'石油帝国'过程中最强劲的对手，'战败'后成为我最忠实的盟友。"

"他曾这样评价我：'洛克菲勒先生，您是一个毫不手软而又完美的掠夺者，和您这种做事情讲规矩的人交手，不管输赢都让人感觉非常舒服。'"

"遥想当年我们两个人'交手'的时光，那时我刚刚掌控了……"

"采油、炼油、运输、市场等都有我们的业务，我对采油商、炼油商有着绝对的控制权，但本森先生不服！"

"本森计划在宾夕法尼亚州铺设一条输油管道，去拯救那些唯恐被我击垮、急欲摆脱我的独立石油生产商。"

　　"我决定反击，于是我花了一大笔钱，由北向南沿着宾夕法尼亚州州界买了一大块狭长的土地来阻断本森铺设的输油管道。"

　　"结果本森采取绕行的办法，轻松地躲过了我的阻击。"

"接着，我动用盟友，要求宾州铁路公司禁止任何输油管道跨越他们的铁路，但是本森如法炮制，再次成功绕了过去。最终，本森先生还是修成了一条长达110英里（约177公里）的石油管道。"

"主管公司管道运输业务的奥戴先生甚至提出要用武力摧毁这些不知天高地厚的家伙……"

"我从来没有想过会输，但即使要输，我唯一要做的也是光明正大地去输。邪恶和不道德的行为是非常危险的，它会让人失去尊严，甚至可能身陷监狱。"

"就在本森得意忘形、享受成功的喜悦时，我重新向他展开了攻势。"

"第一步：买光储油罐。"

"第二步：大幅降低管道运输价格，把本森的合作伙伴拉过来。"

"第三步：买下纽约的炼油厂，让本森无处炼油！"

"一个优秀的指挥官，不会攻打那些无关紧要的堡垒，而是会集中火力摧毁那个足以控制全局的要塞。"

"那条号称全美最长的输油管道建成还不到一年，本森先生就失败了。"

"本森主动向我提出握手言和。我知道这不是他的本意，但他更清楚，如果再与我对抗下去，他的下场只会更惨。"

"约翰，你一定要切记，每一场至关重要的竞争都是决定命运的大战——后退就是投降！后退就将沦为奴隶！"

"在这个世界上，竞争一刻也不会停止，我们不能有懈怠的时候。我们所能做的，就是带上钢铁般的决心，战胜接踵而至的各种挑战，赢得胜利。"

"在竞争中我们要保持高昂的情绪，享受其中的乐趣，否则不会有好的结果。我真正希望的是用最小的代价去达到我想要的目的。"

"若想在竞争中取胜，最关键的就是时时保持警惕。当你看到对手不断地想要削弱你的时候，你就要做出预判，做好准备。"

"这时你需要知道自己拥有什么资源，还要记住优柔寡断会害了你；而后就是动用你所有的资源，运用你的技巧，去为胜利努力拼搏。"

"想在竞争中获胜，勇气只是一方面，你更需要实力。**拐杖不能取代强健有力的双脚，我们要靠自己的双脚站起来。**即使你的双脚不够强壮，支撑不了你，你也不该放弃和认输，而是要努力磨炼让它们充满力量。"

第 12 封家书：感谢折磨你的人

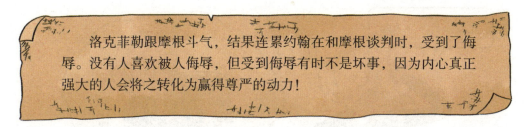

洛克菲勒跟摩根斗气，结果连累约翰在和摩根谈判时，受到了侮辱。没有人喜欢被人侮辱，但受到侮辱有时不是坏事，因为内心真正强大的人会将之转化为赢得尊严的动力！

洛克菲勒和摩根的矛盾是那个时代商界议论的焦点。洛克菲勒难以忍受摩根的脾气，让儿子代表自己去谈判。

"约翰，你的来信我收到了。拥有你这么出色的孩子，我很骄傲！"

"摩根为了实现统治美国钢铁业的野心，不得不与我合作。如果不这样做，他就会面临一场极为残酷的商业竞争。"

"他自己也清楚，我和他的马车走在截然不同的两条路上，我们彼此都不喜欢对方。我只要看到他那副趾高气扬、傲慢无理的样子，就恨得牙痒痒。"

"那些善于思考和积极行动的人，都懂得一个道理——永远不能让自己的个人偏见阻碍成功的步伐，要摒弃傲慢与偏见。摩根并不想和我打交道，但还是忍住性子来谈生意。"

"虽然对摩根来说登门谈判有些屈尊，但他还是来了。不过他做梦都没想到的是，我让你去谈判。"

"由于我让你代替我去谈判，摩根深感'侮辱'，但他始终紧盯着想要达成的目标，跟你签订了协议。"

"摩根先生对你很是粗鲁无礼，看得出是在故意侮辱你，我想你是对的。实际上，他就是为了报复我，让你替我受辱。"

"在我们这个追求尊严的社会，我知道对于一个看重尊严的人来说，蒙受他人的侮辱是多么难以忍受。当我们受到侮辱时，该如何去做呢？"

"你还记得我一直珍藏的那张没有我的照片吗？事情是这样的……那是个天气非常棒的下午，老师告诉我们，有一位摄影师要来拍摄我们上课的情景。照相对一个穷人家的孩子来说，实在是有点儿太奢侈了。"

"我像报告喜讯一样回家告诉我的母亲，摄影师要给我们照相了！这真是太棒了！"

"然而，等到拍照时，我被'完美主义'的摄影师嫌弃了！为了不影响那些穿戴整齐的富家子弟们合影，我只好默默地站起身走出去。"

"那时的我，没有哭闹，而是握紧拳头，暗暗下定决心：'总有一天，我会成为这个世界上最富有的人！让摄影师照相没什么了不起的！我要让世界上最著名的画家给我画像！'"

当年发的誓言，都实现了。

"如果说，正是那个'完美主义'摄影师把一个穷孩子激励成了世界上最富有的人，似乎一点儿都不过分。"

正是这张照片，激励我一直前进。

"尊严不是上天赐予的，更不是别人给予的，要靠自己努力去争取。**尊严是属于你自己的精神产品，如果你认为自己有尊严，那么你就有尊严。**"

"当你坚定地相信自己，并和自己和谐相处时，你就是自己最忠实的伴侣。也只有这样，你才能做到宠辱不惊、安然做事。"

第 13 封家书：交易的真谛是交换价值

1901 年 2 月 27 日

谈判是一个有关"掌控"的高难度游戏，谁能准备得更为充分，谁就有了先发制人、洞察一切的利器。而交易的真谛是交换价值，也就是用别人想要的东西来换取你想要的东西。

1901 年，与华尔街金融大鳄摩根的商业谈判，对约翰来说无疑是历练的大好机会。但洛克菲勒还是有些不放心，于是写了这封家书。

一场旷日持久的大型商业谈判……

联合矿业公司

软硬不吃的家伙，我一定要买下它。

这么有身份的人，没想到……

我并不着急出售联合矿业公司。

一个比一个难缠……

"亲爱的约翰，你知道，我坚决反对买主盛气凌人、自以为是地定下价格，企图把我们排斥在外，于是我让调解人转达我的意思。"

"但是我从来不会阻止建立任何有价值的企业，所以你还需要继续跟摩根谈判。"

"无论你从事什么行业，归根结底都是在与人打交道。谈判更是如此——与你开战的不是那桩生意，而是人！"

"在决战中取得决定性胜利的前提，就是真正地了解自己和对手。"

"准备，是商战游戏心理的一部分，要想成功，必须做到知己知彼。"

怎么做到知己知彼呢？洛克菲勒总结了以下几点。

"第一，了解整体环境。这包括市场状况如何，是否景气。"

"第二，了解你拥有的资源。这包括你有哪些优势和弱势，这也代表你的资本。"

"第三，了解对手的资源。这包括对手的资产状况、优势和劣势。在所有的竞争中，了解对手的优势是制定大战略的重要因素之一。"

"第四，明确你的目标和态度。你要明白自己在做什么、有什么样的目标和多大的决心去实现这些目标。"

"第五，了解对手的目标和态度。你要尽量判断出对手的目标。同样重要的是设法深入对手的内心，了解他的想法。"

"你越是认为自己能行，就会变得越高明，积极的心态会助人取得成功。"

"在谈判中，你必须清醒地知道自己在说什么；如果你真的能掌控一切，就应该能够掌控自己所说的话，并通过它让自己受益。"

　　"同时，你还要时刻保持警惕，收集对手发出的种种信息。如果做到了这一点，你就占据了优势，获得了先机。"

　　"做交易的秘诀在于，你要知道什么可以交易和什么不能交易。摩根先生视我们为墙角里的残渣，要清扫出去，但我们必须留在地板上。这是不能谈判的。"

　　"有太多自以为是的'聪明人'认为他们交易的目的，就是要白占便宜，希望用最低的价格买到最好的东西。**要完成一笔好的交易，最好的方法就是强调其价值。**"

　　摩根为了这次赢得美国钢铁行业霸主的机会，只好按照约翰的价格买下了联合钢铁公司。

第 14 封家书：善于合作的人最聪明

1901 年 5 月 16 日

谈判的最终目的是实现合作，合作可以压制对手或让对手出局，让自己的目的得以快速实现，换句话说，合作并不见得只为了追求胜利。遗憾的是，只有为数不多的人才了解其中的奥妙。

1901 年，约翰和摩根经过旷日持久的谈判，最终达成了合作协议。

洛克菲勒放下手中的报纸，对约翰说道："这将是美国经济史上一次伟大的握手，我相信这一伟大时刻定会被后人铭记。"

洛克菲勒打算好好跟儿子讲讲什么是合作的力量，于是写下了这封家书。

"在那些傲慢自大、狂妄至极的人看来，合作是软弱甚至是可耻的；但在我看来，只要对我有利，合作永远都是正确和聪明的选择。"

"如果问是什么成就了我今天的事业，我很愿意将它看作是三种力量的功劳。"
"第一种力量是按规则行事，它是企业持续经营的奥秘。"

"第二种力量是残酷无情的竞争，它会让你更趋于完美。"

"第三种力量是合作，它可以让我在事业上变得强大，从而取得利益与好处。"

"从踏进社会那一天起，我就知道，无论什么时候、什么地方，只要有竞争，谁也不可能孤军奋战，否则就是在自寻死路。如果这次我们没有与摩根合作，结局很可能是两败俱伤，别人渔翁得利。"

"如今，我们与摩根联手，'钢铁大王'卡内基先生现在一定非常懊恼吧……"

"我们与自己的理想之间有一道鸿沟，若想跨越这道鸿沟，就必须依靠别人的力量，所以我们一定要想清楚，要想成功就必须借助他人的支持，并与他人合作。"

　　"合作并不同于友谊、爱情和婚姻那样是为了获取情感，但是我永远不会拒绝和生意伙伴建立友谊，而且我相信建立在生意上的友谊远远胜过建立在友谊上的生意。"

　　"说到这里，我还想跟你讲讲我和老伙计亨利·弗拉格勒先生的故事。亨利是一个永不满足而且雄心勃勃的人，成为石油霸主也是他的梦想。"

　　"那时候我们形影不离，除了吃饭和睡觉的时间外，几乎都在一起，那段时光对我来说永远是愉快的。"

"我们一起思考，一同制订计划，相互激励坚定彼此的信心。那段时间简直就像'度蜜月'一样，现如今已经过去几十年了，我和亨利依然亲如兄弟。"

"即使给我再多的钱，这份情感我都不卖。这也是我一直让你们叫他亨利叔叔而不是亨利先生的真正原因。"

"我从不凭借自己的财势欺压那些处于弱势的对手，而是更愿意与他们谈心，不愿意摆出一副盛气凌人的架势让他们屈服。"

"但是如果遇到那些傲慢无礼的人，我也总忘不了给他们留下一些难忘的回忆。比如，我曾把纽约中央铁路公司的老板范德比尔特先生好好教训了一番。"

"范德比尔特出身贵族，曾在南北战争中立过战功，获得了将军军衔，但他把战场上得到的荣誉当作了生活中飞扬跋扈的资本。"

"范德比尔特自以为把持着运输大权，把我们当成打短工的小角色。当亨利去跟他谈判时就被羞辱了……"

"不久之后，范德比尔特急着要与我做生意，我看时机已到，是我出手的时候了……"

"良好的教养让亨利克制住了发怒的冲动，但是回到办公室，他气得将漂亮的笔筒摔了个粉碎。"

"约翰,有一个道理你必须要懂。那就是:走上坡路的时候要对别人好一点儿,因为当你走下坡路的时候还会再碰到他们。"

"我非常讨厌用粗暴的态度对待他人,更知道平易待人有着非凡的价值,我更明白,钱可以买到人才,却买不到人心。"

"**生命的本质就在于斗争和竞争,它们是如此激动人心**。但是,当竞争发展为冲突时,往往会带来毁灭性和破坏性的后果,适时的合作则可以化解这种危机。"

第 15 封家书：有目标才有方向

1902 年 3 月 15 日

目标是激发我们潜能的关键，它拥有主导一切的力量。它可以影响我们的行为，激发我们完成任务所必须具备的创造力。明确而坚定的目标，更能让我们专注于所选择的方向，并奋力前进。

约翰进入了标准石油公司的核心管理层，成为公司的"掌舵人"。如何能让儿子成为合格的"掌舵人"，洛克菲勒决定跟他好好讲一下。

"进入标准石油公司的核心领导层，既是你的荣耀，也是我的荣耀。毫无疑问，当你享受这个荣耀的时候，也要承担起随之而来的责任。"

"作为领导者能够不辜负众人的期望是一件非常难的事情。每一个领导者，都会面临诸多杂乱的难题……"

"这些难题让人焦头烂额、疲于应付，还会让人备受挫折，感到恐惧、焦虑，且不知所措。甚至会摧毁你想成就一番事业与实现个人成就的梦想……"

"如果想实现目标，就会面临一个态度问题。**人可以通过改变自己的态度，来改变自己的人生，如果你相信自己能够改变态度，那么你就能够改变。**"

"我非常信任下属、善于鼓舞士气。要做到这一点，方法很简单，那就是要知道如何去运用'设定目标的力量'，我是一个目的主义者。"

"没有一杆就能打完的高尔夫比赛，你需要一杆一杆地去打，你打出每一杆的目标就是离球洞越近越好，直至最后把它打进去。"

我习惯在做任何事情之前先确定我的目标，而且我每天都有目标，我还会先审查自己预设的目标是否合适。

"确立目标只是成为目的主义者的开始，你还有另一半路程要走，毫无保留地向你的部属陈述你的目标，说清楚你的个人打算、动机与内心的战略计划。"

"公开目标不仅能让你的部属清楚你的想法，朝着正确的方向努力，当你勇于向你的部属坦诚一切的时候，你将收获他们发自内心的忠诚，更能避免别人无益的猜测，或是根据所搜集的那些很容易被扭曲的各种信息去推测你的目的。"

"向部属表明你的目标，更是领导者承担个人行为和决策的责任，这一举动的力量无可替代，往往能够激励、鼓舞部属。"

"当然，表达目标也有风险，如果一个人滥用目标的力量，只会破坏与他人之间的信任，最终失去别人的信赖。"

第 16 封家书：不与负能量的人为伍

1902 年 5 月 11 日

消极人士只会哀叹时运不济，从不用带有欣赏性的眼光把自己看成是更有分量、更有价值的人。他们失去了让自己全力以赴的念头以及自我鼓励的能力，反而让消极占满了自己的内心。明智的人决不会停顿在对时运不济的哀叹中。

洛克菲勒发现约翰交的某些朋友，让他受到了不好的影响。作为父亲，洛克菲勒决定写信提醒一下，以免儿子走弯路。

"约翰，你有没有发现，受你那些朋友的影响，你的某些思想和观念正在悄悄发生变化。我想你也感觉到了。"

"我不反对你扩大自己的社交圈，这可以增加生活情趣，扩展生活领域，但交朋友需要谨慎。"

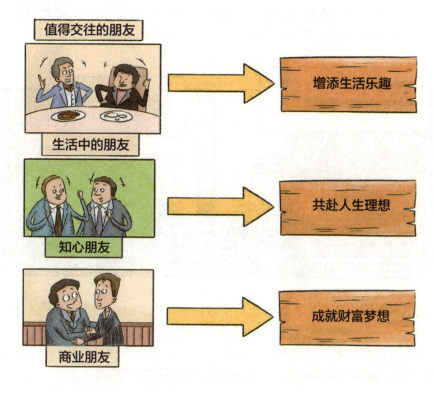

"我从年轻的时候开始，就拒绝和两种人打交道。"

"第一种：完全放弃拼搏斗志、安于现状的人。他们从不会欣赏自己，丧失了全力以赴的感觉和自我激励的动力，反而让消极占据了他们的内心。"

"他们认为成就事业是那些幸运儿才有的专利，哀叹命运不公，年复一年、浑浑噩噩地混日子。"

"第二种人：不能挑战到底的人。他们也曾想成就一番事业，然而当发现实现更高的目标需要付出更多艰苦努力的时候，他们就放弃了努力。"

"他们唯恐大家不认同，因而惧怕失败，害怕失去已经拥有的东西。在这些人中不乏有些极富才华的人，但因为不敢冒险，得过且过地度过一生。"

"那些永不屈服的人，我最愿意交往。有个聪明人说得非常好：**我要挑战令人厌恶的逆境，因为智者告诉我，那才是通往成功最明智的道路。**"

"那些永不屈服的人，决不会让悲观情绪影响自己，也不会向各种阻力低头，更不相信自己只能虚度此生，在他们看来，活着的目的就是要成就一番事业。"

"他们真正地了解了生命的宝贵与价值，也就懂得如何真正地享受人生。他们都期待崭新的明天，乐于和别人展开新的交往，他们热烈地接受着一切，因为他们把这些当作人生的必经之路。这些胸怀大志的人也明白，在成为大人物之前，必须先当好追随者。"

然而，生活中总是有各种各样消极的人，该怎么办呢？

"你要让这些人像水鸭划过的水一样，从你身边自然流过。我们要时时刻刻紧跟着那些思想积极的人，跟他们一同成长、一起进步。"

"你要记住，那些说你做不到的人，都是些无法成功的人，他的个人成就也不会高到哪里去。这种人的意见对你根本没有益处，根本不需要理会。"

"不要让那些思想消极、心胸狭窄的人妨碍你前进的步伐。千万要小心，那些幸灾乐祸、嫉妒心强的人就是想看你摔跤，不要让他们得逞。"

"你要重视你周围的环境，要让它为你的工作服务，而不是让它拖累你。让环境帮助你成功的方法就是：多和积极的、成功的人接触，少同消极的人来往。"

第 17 封家书：冲动是最可怕的敌人

1902 年 9 月 2 日

在任何时候冲动都是我们最大的敌人。如果忍耐能化解不该发生的冲突，这样的忍耐永远是值得的。一意孤行，非但不能化解危机，还会带来更大的灾难。

约翰草率地退出了花旗银行的董事会，失去了和华尔街大亨们一起合作的机会。洛克菲勒看在眼里，决定要教约翰在生意中学会"忍耐"的道理。

"约翰，你知道吗，如果你不主动放弃花旗银行董事的职位，而是继续留在那儿，事情可能与现在不同，反而还会获得更多的机会。"

"屈从于人是思想的大敌，也是囚禁自由的狱吏。然而，保持必要的屈从与忍耐，对于那些胸怀大志的人来说，恰恰是一条屡试不爽的成功策略。"

回首过去，洛克菲勒也曾经违心地忍受过许多，但也得到很多。

"第一次创业之初，由于缺少资金，我的合伙人克拉克先生请来了他昔日的同事加德纳先生入伙。"

"然而，让我没想到的是，克拉克带来一个钱袋子的同时，也带来了一份屈辱，因为他们要把公司更名，抹去我的名字。"

"这一举动大大伤害了我的尊严，但我忍耐了下来，并告诫自己：一定要控制，要保持冷静，这不过是刚刚开始，以后的路还长着呢！"

"我一如既往地辛勤工作着，到了第三年，成功地把那位挥霍无度的加德纳先生赶出了公司，重新竖起了克拉克－洛克菲勒公司的牌子！"

"我推崇人人平等的理念，讨厌那些目中无人、发号施令的人。然而，克拉克先生面对我时，却喜欢摆出一副高高在上的高傲姿态。"

"我在心里已经同他开战了。我一遍遍地叮嘱自己：超过他，你强大起来就是对他最好的反击，就是打在他脸上那记最响的耳光。"

"约翰，你要记住：冲动无论何时都是我们最大的敌人。**如果忍耐能消除某些本不该发生的冲突，那么这样的忍耐就永远是值得的。**"

"我坚信：能忍别人所不能忍之辱，才能成就别人所不能成之大事。"

"我的新合伙人安德鲁斯先生没有成为伟大商人的那种雄心壮志,却又自以为是,充满了各种邪恶的偏见。我和他发生冲突也是早晚的事。那一年我们做得非常棒,也挣了很多钱,可怎么分呢?我与安德鲁斯产生了很大的分歧。"

"任何妨碍公司壮大的想法我都无法接受,于是我买下了安德鲁斯的股份,然而我却转手大赚了一笔。安德鲁斯知道后,气急败坏地拒绝了我让他原价收回股份的好意。事实上,他拒绝的是成为全美巨富的唯一机会。"

"你要永远清楚自己想要的是什么,更要明白不会永远都有那么多的机会。一定要记住,每天都要把忍耐带在身上,它会把快乐、机会和成功带给你。"

第 18 封家书：信心的大小决定成就的大小

1903 年 6 月 7 日

在洛克菲勒的信条里，每个人都是自己的主宰者。信心的大小决定了成就的大小。庸庸碌碌、得过且过的人做不成什么大事，所以他们仅能得到很少的报酬。当我们心中怀揣信念的种子时，总有一天会走出困境！

约翰在商业历练中得到了成长，洛克菲勒想和儿子交流自己多年商战的精神法宝——信心，帮助儿子迎接更大的挑战。

"每一个人都不想依附别人，过着平庸的日子；也没有人认为自己是不重要的二流人物，即使陷入这种境地也是被迫的。"

梦想的样子

"雄才大略的智慧可以创造奇迹，难道我们不具备雄才大略的智慧？坚定不移的信心足可移山，这可是最实用的成功智慧。"

"信心能够让你产生'我确实能做到'的态度，每当你相信'我能做到'时，你自然就会想出'如何解决'的方法，而成功往往就在'解决问题'中获得。"

"每一个人都希望有一天能进入社会的最高阶层，享受随之而来的成功生活。但是他们绝大多数人偏偏又缺少必需的信心与决心，也就无法实现这一点。"

"他们不相信自己能够做到，所以也就找不到登上顶峰的道路，他们一生也就在一般人的水平上徘徊。"

"但是，总有一小部分人会真心相信，他们成功的那一天总会到来。他们抱着'我就要登上顶峰'的决心来做事，并且凭着自己坚强的信心去实现目标。"

"正是信心赐予了我追逐成功的动力。在信心的驱动下，会实现很多伟大的成果，它是所有伟大的事业、书籍、剧本，以及科学新知背后的动力。"

"另外，信心的大小决定了成就的大小。他们不相信自己能够成就一番大事业，所以他们也就真的做不到。他们认为自己不重要，所以他们做的事情也就无足轻重。"

"**正是信心，照亮了我的道路，不断给我勇气，让我拥有直面生活和理想的信念。**在任何时候，我都会增强自己的信心。"

"其实，那些伟大的创意与宏伟的计划通常比微不足道的创意与计划要来得容易，至少不会比它们更困难。那些在商界、写作、表演，以及其他方面追求卓越、达到最高峰的成功者，都是能够脚踏实地、有恒心的人，他们拥有一个自我发展与成长的长期计划。"

第 19 封家书：让不可能变成可能

1903 年 12 月 4 日

　　无论做什么事，切记不要随口说"不可能"，一句"不可能"就意味着前进的动力被迫叫停。当我们有了把事情做成的信念，实际上就有了面对困难的勇气，有了它，从起点到终点的路就会一点点变得明朗起来。

　　洛克菲勒是特别不喜欢说"不可能"的人，可约翰却让口头禅是"不可能"的罗杰斯担当重任，这件事情让洛克菲勒很是担忧，于是提笔写下了这封家书。

　　"约翰，你知道罗杰斯是标准石油公司的老员工了，我曾经想重用他，可……"

"我当时提出了一个'奇怪'的问题，罗杰斯开始强烈地进行反驳……我当时还鼓励他换个思路，然而他却没有一丝开窍的迹象。"

"当我们认为一件事情不可能做到的时候，我们的大脑就会为这种不可能找各种各样的理由。当你不相信能够将某件事情做成时，就等于丧失了主动解决问题的能力，这不但会阻碍你的发展，甚至还会摧毁你的梦想。"

"当下属说'不可能'时，我就会非常反感。'不可能'在我看来就是失败的同义词，一旦被这种想法占据，就能想出一连串的理由来证明自己是对的。"

"实际上，往往只要专心去想'做得到'的方法，就可以实现预想的目标。但是，总有些人厌恶进步。"

"无论做什么事情，都不可能只有一种解决方法，好的方法非常多，和具有创造性的心灵一样多。"

"没有什么东西是在冰雪中生长的，传统想法会冻结我们的心灵，阻碍我们的发展，而开拓思维和创造力才是我们真正需要的。"

"我认为不要想'这就是我平时做事的方法，所以再遇到类似的事情我也要这么办'，而要想'有什么方法可以比平常用的方法更好呢'。只有这样，我们才能不断地积累更好的解决问题的方法。"

"任何计划都不可能达到绝对完美的程度，事物都不是一成不变的，总是在不断变化着。我深知这个道理，所以经常会努力寻找更好的方法。"

"**想要得到好的方法，必须要获得更多的解决方法。**所以要不断地为自己制定更高的标准，不断寻找各种方法来提高效率，用最低的成本获得最大的收益，用更少的精力去做更多的事情。"

"任何拒绝新挑战的想法，都是不可取的。我们要多想想怎样才能做得更多，一旦这样做了，那些极具创造力的答案都会迸发出来。"

第 20 封家书：成大事者都善于变通

1904 年 10 月 14 日

成功并不是一件容易的事情，作为管理者要有掌控全局的能力。策略性的思考者能够透过万般表象看透事情的本质，进而制定出明确的目标。他们永远不是制订死板计划的"工匠"，而是制定大战略、能够随着环境变化做出正确选择的"将军"。

洛克菲勒晚年叱咤高尔夫球场，并在休闲时和商场精英、老朋友们交流彼此成功的经验，而这也往往让他颇有感触，并借机教导约翰。

这次胖胖的"故事大王"汉密尔顿医生也来打高尔夫了。每次他都说自己是来减肥的，可每次都玩不了一会儿就歇了。

"高尔夫球场上，汉密尔顿医生总能讲述各种稀奇古怪的故事逗得我们哈哈大笑，给我们带来很多欢乐。"

103

"这是一个勤劳的渔夫和总想着坐享其成的垂钓者之间的故事。"

"汉密尔顿津津有味地讲述着，突然扭头问我：'先生，您是想当渔夫还是想当垂钓者呢？'"

"我靠的是有效的策略来获得利益，若采用垂钓者的做法，我根本不可能成功。"

"当然，即使垂钓者也没有哪一个会愚蠢到只管抛下鱼饵，而不做事先考量。要钓哪种鱼、用什么样的饵料、将鱼线抛到哪里等一系列问题都是需要思考的。"

"考虑完这些后，就可以坐等大鱼上钩了。就过程而言他们没做错什么，但收获如何却没人能预测。"

"钓鱼者尽管很清楚自己要的是什么，但他们采用的方法却限制了成功的可能性——除了那根细细的鱼线，他们的捕鱼范围几乎是零。"

"我不是呆板固执、亦步亦趋、草草解决问题的垂钓者，而是那个能够制造各种机会，直至挑选出最能带来商业利润的渔夫。"

"我不是死板的人，在执行计划的过程中，会根据形势的变化不断调整和修正我的计划，我称之为开放性策略。"

"和那些策略性的思考者相比，单纯靠耍手段的计划者根本就不值一提。我决不会让自己局限于过分僵化的计划中，而是会持续探索各种可能性方案去达到目的。"

"虽然在我们刚开始制订计划的时候，它们看起来似乎都很完美，但客观形势往往是不断变化的，原来的计划很可能会变成成本高昂、耗时费力的策略。"

"那么，该如何应对这种情况呢？不论我们是为公司还是为某个部门拟订计划，都必须确认自己所拟订的是策略，而不是细致入微的操作手段。"

"成为策略性的思考者，而不仅是设计手段的工匠，这是成为卓越领导者的先决条件。"

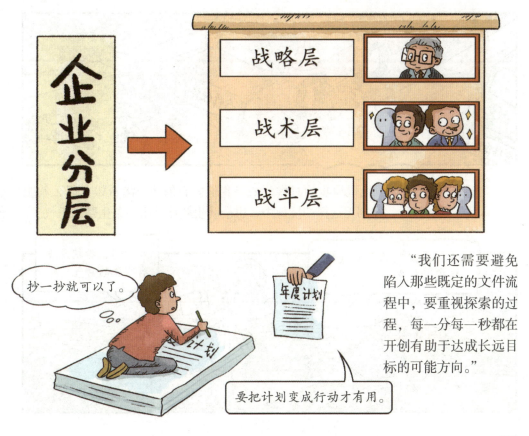

"我们还需要避免陷入那些既定的文件流程中，要重视探索的过程，每一分每一秒都在开创有助于达成长远目标的可能方向。"

"回想一下生命中那些你感觉最暗淡无光的日子吧，你会发现那很可能是因为你觉得自己已经走投无路了，或者认定自己别无选择。这样，自己就会被困住、被抛弃，再也找不到出路。"

　　"持续创造出跨越障碍的机会，是克服绝望的唯一方法。简单地说，相信有其他选择的存在，这种想法就会赋予我们希望。"

　　"当事情看起来到了绝望地步的时候，如果我们内心依然充满希望，那么就能突破自我设定的极限。在别无选择的境地中，也会萌生毅然杀出一条生路的勇气。"

第21封家书: 借口是一种"思想疾病"

1906 年 4 月 15 日

一个失败者一旦找到一种"好"的借口,就会紧紧地抓住不放,然后总是拿这个借口对自己和别人解释为什么无法再做下去、为什么无法成功。也许我们最应该明白的是:事实不会因为借口而改变,能改变它的只有行动。

洛克菲勒打高尔夫时遇到了喜欢"争强好胜"的斯科菲尔德船长。洛克菲勒非常赞赏他不为自己打球失利找借口的态度,于是决定将这种精神阐述给儿子。

"虽然斯科菲尔德输了球不太高兴,但他并没有为自己输球找任何借口……"

"处处亨通的人，与那些一事无成的人之间最大的差别，就在于是否为失败找借口。那些碌碌无为的人，经常能找到一箩筐的借口为自己解释。"

"一开始，失败者多多少少还知道他的借口不过是在撒谎，但是多次重复之后，他也会越来越相信这个借口就是他无法成功的真正原因。"

"失败者都有自己的一套借口，他们将失败归咎于家庭、性格、年龄、环境、时间、肤色、宗教信仰、其他人，甚至是毫无根据的星象。"

"在我看来，人们找的最差劲的借口是：健康、才智和运气。"

健康方面的借口

"事实上，没有谁是完全健康的，每个人或多或少都有生理上的一些小问题。"

"我经常提醒自己：累坏自己也总比让自己腐朽掉好。对于每个人来说，庆幸自己的健康，远比抱怨身体不适要有用得多，瞎想还真能想出病来。"

才智方面的借口

"大多数人对才智有两种基本的错误看法：一种是太低估自己；另一种则正好相反，把别人的聪明看得太高。"

"成功的关键在于如何将已经拥有的聪明才智发挥出来。如果不用超凡的智慧引导自己去寻找各种通向成功的方法，那么失败的命运就会降临。知识只是一种潜在的力量，只有将它付诸行动，而且是创造性地运用到行动中，才能发挥出它的威力。"

运气方面的借口

"人类的各种遭遇并非来自偶然，每一件事情的发生都有其必然的原因。然而，很多人却总是把自己的失败归咎于运气太差。"

"我从不妄想靠运气就能获得胜利，因此我会集中精力去发展自我，培养自己成为赢家的各种特质。"

"**99% 的失败，都是源自人们习惯性地为失败找借口**。因此在追求事业的过程中，不要给自己找借口就显得尤为重要。"

113

第22封家书：从小人物做起

1906 年 6 月 8 日

洛克菲勒深受一篇演讲词的鼓舞——《做世界的盐》。但又有多少人愿意成为不起眼的盐呢？那些真正做出牺牲的小人物往往被"英雄"和"强者"的光环所掩盖。即使如此，他们仍在实践着自己的人生理想，努力让自己变得更伟大。

洛克菲勒看到一篇南北战争时期的英雄阐述"小人物价值"的演讲词，他觉得很不错，于是把它一字不落地抄给了儿子。

"说到'伟大'，不得不提我特别珍藏的一篇演讲词，这是我一生中见到的为数不多的伟大演讲词，所以决定全文抄录给你。"

我要一字不落地抄给约翰看！

将军是英雄！士兵也是英雄！

"我很荣幸能在这里会晤一些大人物。尽管你们会说：这个城市没什么大人物，大人物都在伦敦、旧金山、罗马或其他大城市，就是不会出自本地。"

"人之所以伟大，在于他本身的价值，而不是他的身份。有谁能说一个靠吃粮食才能活下去的国王比一个辛勤劳作的农夫更伟大呢？"

"演讲者觉得年轻人没有真正理解大人物和伟大的意义，决定讲一下霍普森将军的故事。美西战争刚结束，这个城镇迎来了凯旋的霍普森将军……"

"然而凿沉'梅里马克号'的任务是由霍普森将军和他的 7 个战友共同完成的，人们只记住了霍普森的名字。另外 7 个人虽然默默无闻，但一样伟大！"

"'我当时只是个小伙子，但已经是连长了。那一天我很是得意地坐到台前，让我的佩剑垂在地板上，等待大家的欢迎。'"

"市长虽然夸大了英雄事迹，但在战场上面对突发情况时，很能考验指挥者的素质和能力。"

"作战规则本身就是这样。不是因为将军胆小怕死，而是如果将军跑到前面被人一枪打死，那么这场战争也就提前输掉了，因为整个作战计划都在他的脑子里。"

"一个人只要能向民众提供宽阔的街道、舒适的住宅、优雅的学校、真诚的忠告、真心的祝福，只要他能赢得当地居民的爱戴，无论到哪里，他都算是大人物。"

"**一个人之所以伟大，并不在于他的官衔，而在于他以默默无闻的平民身份实现了自己的人生理想**。这才是真正的伟大！"

117

第 23 封家书：做金钱的主人而不是奴隶

1906 年 7 月 26 日

中西方都有"金钱是万恶之源"的说法，也有人信奉所谓的"有钱能使鬼推磨"的谬论。作为一个成功的商人，洛克菲勒看到了隐藏在金钱背后的一些积极的因素，对金钱的理解也更进一步，传达了自己对待金钱的真正态度——做金钱的主人。

洛克菲勒想起很多年前在教堂与一位年轻人相遇的经历，这激起了他对金钱的思考，于是给约翰写了这封家书。

"汉森是一个生活贫苦的小花匠，他认为坚守贫穷是一种美德，曾摆出一副自命清高的架子质问我。"

"金钱是万恶之源"，这句话可是《圣经》里说的。

年轻人，《圣经》里说的可是"喜爱金钱是万恶之源"。

"汉森听了我的回答，吃惊的嘴巴张得好像能吞进一条鲸鱼……"

不可能！我不会记错的。

真希望你赚钱的动力也能这么足。

圣经

"为了让这个可怜的年轻人不苦守贫困，我决定开导他一番。"

"如果一个人只知道当个守财奴，那么金钱就是万恶之源。如果你有了钱，就可以让你的家人、朋友受益，让他们过上幸福快乐的生活；你更可以让社会受惠，救助那些孤苦无助的穷人……"

"我们该如何看待金钱呢？有些东西确实比金钱更有价值。当我们看到坟墓时，就难以自抑地感到一种悲伤，因为那时我们知道有些东西的确比金钱更加珍贵。"

"那些在苦难中挣扎过的人更能深深地体会到，有些东西的确比黄金更美妙、更尊贵、更神圣。然而，金钱不一定是万能的，但在我们这个世界，很多事情又都离不开它！"

"如果有谁说'我不要金钱'，那他就等于是在说'我不想为家人、朋友和同胞服务'。"

"赚钱的多少并不是衡量人生成功与否的标准，但你可以通过金钱的多少来衡量一个人对社会的贡献。当你的收入越多时，就越有能力为社会做出贡献。"

"赚更多的钱，本来就是无可厚非的事，前提是我们获得它们的途径必须是正当的，我们不能被钱牵着鼻子走。"

"在我小的时候，拜金主义被奉为真理，当时无数人从四面八方涌进加利福尼亚。很多人淘金颗粒无收，最后沦为出卖苦力的矿工、修路工……"

"但是'淘金热'大大地刺激了数百万人对金钱的欲望，其中就包括我这个只有10多岁的孩子。我给自己立下了这样的誓言：我不能沦为穷人，我要赚钱，我要用财富改变家族的命运！"

"在我少年时代的发财梦中，金钱不仅是让家人过上富足安康生活的工具，还能让我通过给予——也就是明智地把钱花出去，换来道德上的尊严和更高的社会地位。"

第24封家书：机会只眷顾勤奋的人

1907 年 1 月 25 日

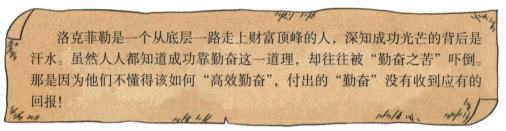

洛克菲勒是一个从底层一路走上财富顶峰的人，深知成功光芒的背后是汗水。虽然人人都知道成功靠勤奋这一道理，却往往被"勤奋之苦"吓倒。那是因为他们不懂得该如何"高效勤奋"，付出的"勤奋"没有收到应有的回报！

约翰给父亲写信交流自己的商业体会，一句"勤奋出贵族"让洛克菲勒非常赞赏，他也深知自己的财富帝国不是别人眼里一夜而成的神话，于是写信跟儿子愉快地交流起来。

"看着你总结出家族成功的法宝——勤奋，让我不禁想起了外界对我的误解。"

"在我还是个孩童的时候，我母亲就将简朴、自立、勤奋、守信和坚持不懈等创业精神，深深地植入了我的大脑。"

"无论是我们生活的北美还是大洋彼岸的东方，那些拥有地位、尊严、荣耀和财富的贵族，都有一颗激情澎湃的心和一双强壮有力的臂膀。"

"即使出身贫寒之家的人，也能通过自己勤奋的工作、坚定的追求和智慧实现功成名就。"

"奋斗基因让我提前成为富人。巨大的资金储备让我能够迅速抢占兴起的石油产业，10年后就建立了庞大的'标准石油帝国'。"

"机会如同时间一样，对任何人都是公平的，但为什么我能抓住机会成为巨富，而无数人却错过它们呢？"

"不，机会只眷顾勤奋之人！**自我年少时，我就笃信一条成功法则：财富是勤奋工作的副产品。**"

"在农村那段艰辛的岁月，磨炼了我的意志，让我能够承受日后创业的辛苦。等开始创业的时候，我就像一个带好所有装备、信心满满上战场的战士一样。"

"勤奋不仅能磨炼一个人的品质，更能培养一个人的能力。当初我从书记员开始做起……"

"尽管在做第一份书记员工作时还不知道将来会如何，但有一点我相信——只要我用心去干一件事情，就决不会失败。"

"现在尽管我年近70岁，但依然在商海中奋力搏杀。每个人都有权利选择把退休当作开始或是结束。我始终将退休视为重新开始。"

"无所事事的生活态度会让人中毒，让人变得麻木。我一天也不曾停止过奋斗，因为我知道生命的真谛就在于此。"

"我并非浪得虚名，那些浅薄者的嫉妒和无知者的指责，都是对我的不公，因为我的王冠是靠血汗辛勤浇铸而成的。"

第25封家书：有钱就要回报社会

1907 年 11 月 20 日

在洛克菲勒看来，财富不仅意味着能改善生活条件，更意味着承担了一份社会责任。从洛克菲勒创业开始直到今天，六代洛克菲勒家族的成员们在赚取财富的同时，也积极回馈社会。"财富意味着责任"，正是洛克菲勒家族的信条。

洛克菲勒的宿敌西奥多·罗斯福，在 1907 年的金融危机中表现不佳。最后还是洛克菲勒和华尔街的精英们化解了危机，这也让影响美国国运的他感慨万千。

"亲爱的约翰，你知道吗，1907 年金融危机席卷整个华尔街，挤兑风潮在每家银行轮番上演……"

"然而，是我联合华尔街的商业朋友们共同稳住了局势。"

"我请美联社将我的话告诉美国民众：我们国家从不缺少信用，金融界精英更是视信用为生命，如果有必要，我愿意拿出一半的证券来帮助国家维持信用。请相信我，金融地震不会发生！"

"华尔街能够成功度过这次信用危机，摩根先生功劳最大，他才是这场没有硝烟的战争中真正的指挥官，是他将一群商界精英联合起来化解了危机。"

"在克服这次恐慌中，我非常自豪的是，我是从自己钱袋里拿钱最多的人。"

标准石油公司联合铁路公司，组建了当时美国最大的"托拉斯"垄断集团。西奥多·罗斯福被称为"托拉斯爆破手"，当然盯上了他们。

"他们侮辱、贬低我们的经商才能。最让人气愤的是，他们对我们用最低价却最优质的煤油照亮了美国这一事实，竟然视而不见！"

西奥多·罗斯福拆散了标准石油公司，但现在的埃克森美孚、雪佛龙依然有标准石油的"血脉"。

"我们有责任使国家和同胞免遭灾难，所以在危难面前我们应该挺身而出。**身为一个富人，我清楚地知道巨大的财富就意味着巨大的责任，我肩负着为人类造福的光荣使命。**所以，在金融危机的紧要关头，我还是伸出了援助之手。"

"很多人还有报纸，都在极力地赞扬那些在危机中慷慨解囊的人，不过，溢美之词对我来说毫无价值，内心的平静才是唯一可靠的回报。"

"我在拥有巨大财富的同时，也因此承担着巨大的公共责任，听从国家的需要，为祖国服务是比拥有巨大财富更崇高的事情。"

第 26 封家书：结束是另一种开始

1908 年 8 月 31 日

每一个伟大的成功者，都经历过一次次小的成功，他们站在一次次的成功之上用"结束"欢庆梦想的实现，又用"结束"欢送新梦上路，每一个创造了伟大成就的人都具备这样的品质。结束是另一种开始，这不仅是对前段路程的总结，也是对接下来路程的开启。

卡内基在接受采访时又开始分享自己的成功经验。这让洛克菲勒忍不住感慨一番，于是提笔给约翰写了封家书：实现"旧梦"后便会萌生"新梦"。

"我这样理解'结束是另一种开始'：结束是一段旧里程的最后一站，又是另一段新里程的开始。伟大的成功者都是用一块块'小成功之砖'为自己堆砌成功的大厦。"

"该如何让新梦想上路呢？我的经验告诉我，有三个策略能让新梦想启航。第一个策略：在开始时就要下定决心，关注竞争对手的状况，以及对手所拥有的资源。"

"从一开始，我就设法预测会有什么样的机会，一旦它出现，我就会像狮子一样扑向它。'最好'是'好'的敌人。很多人为了得到最好的东西拼尽所有，却放弃了眼下容易得到的，这样做并不是明智的选择。"

"在现实中，完美的机会很少会主动上门，却常常会有很多不尽完美的机会降临，虽然它们有所欠缺，但绝对远远胜过没有机会。"

"第二个策略：研究分析对手的情况，然后善用得到的结果，将其转化成自己的优势。"

"当别人还没关注你，不把你视为对手时，就是你为未来的竞争赢得最大资本的良机。我进军钢铁业时，并没有引起'钢铁大王'卡内基先生的重视，等到我成为美国最大的铁矿石生产商时，卡内基也只好跟我合作了！"

"第三个策略：必须拥有积极的心态。"

"要从一开始就下定追求胜利的决心，也就是说，在道德范围内，你必须表现得积极且无情，正是那无情的目标让你不得不采取这种态度。"

"我们还要积极乐观、一往无前，要有吞下鲸鱼的胆量。**我坚信，千古不变的真理就是：天才的竞争者总是由勇士来担任。**"

"看看那些失败者吧，你就会发现，大多数人之所以失败，不是因为他们犯了多少错，而是因为他们没有百分之百地投入，经营企业也是同样的道理。"

"别忘了卡内基先生的名言，'结束是另一种开始'。当然还有我总结的那三个策略。"

第 27 封家书：只有放弃才会真正失败

1909 年 2 月 12 日

　　每一个英雄的奋斗之路都有所不同，但他们一往无前的精神是何其相似！虽是时势造英雄，但每一个英雄的脱颖而出都是自己披荆斩棘的结果。如果我们能像英雄那样拥有坚忍的意志，做自己的救世主，成功也就离我们不远了。

　　洛克菲勒从卑微境地登上财富顶峰，美国著名总统林肯也是从贫苦家庭走出来的。在他的诞辰纪念日，洛克菲勒不禁发出感叹，内心产生了强烈的共鸣，于是给约翰写下了这封家书。

　　"在美国南北战争期间，公布了《解放黑人奴隶宣言》。刚刚赢得战争胜利的林肯总统被人刺杀了……"

　　"每年在林肯的诞辰纪念日，人们纷纷前去林肯纪念堂，表达缅怀之情。"

"在我看来，没有谁能比林肯更伟大了。我认为，我们纪念他的最好方式就是以他为榜样，让他那永不言弃的精神鼓舞我们每个人。"

"林肯第一次经商就以失败告终，第二次败得更惨，以致他花了十几年的时间才还清债务。"

"林肯的从政之路同样坎坷不平，他曾经在竞选中失败了多次，还曾因此丢掉了工作。林肯每次失败过后都会奋起再战，直至最终当选了美国总统。"

"那些伟大的人物，几乎都遭受过一系列沉重的打击。古希腊伟大的演说家德莫森的父亲，在死后给他留下了一块土地，希望能帮他过上富裕的生活。"

"很不幸，因为口吃加上害羞，德莫森遭遇惨败，失去了那块土地。但是这次挫败并没有将德莫森击倒，而是激发了他发奋努力战胜自我的决心，结果他创造了人类历史上前所未有的演讲高潮。"

"有太多人总是高估他们所欠缺的东西，却又低估他们所拥有的优势，以致丧失了成为胜利者的机会，这简直是个不折不扣的悲剧。"

"我痛恨生意失败，不想亏损钱财，但是真正让我关心的是：我害怕在失败之后，会在以后的生意中因为太过谨慎而变成懦夫。"

"攀登高峰的时候，每一级阶梯只能供你短暂的休息后积蓄力量更上一层。每个人的内在都充满了无限潜能，除非我们找到并充分利用它，否则它就毫无价值。"

"'黎明之前总是最黑暗的'，这句话并不是毫无意义的口头禅，我们努力工作，将我们的技巧和能力充分发挥出来，终将会成功。"

第 28 封家书：抱怨只会让优秀沦丧

1910 年 7 月 24 日

洛克菲勒带领标准石油公司打了无数场硬仗，在他看来"世界上没有常胜将军，不管是谁都会遭受挫折和失败"。当失败降临时，不应当互相抱怨，而是要努力承担自己的责任，让标准石油公司展现出无与伦比的凝聚力和战斗力。

高傲的卡内基先生亲自来向洛克菲勒请教了！而且是关于如何管理公司的大问题，这让洛克菲勒陷入了深思。于是他将与卡内基先生的交谈整理成书信寄给了约翰。

"标准石油公司总是能轻松击败竞争对手，仿佛无坚不摧，这让卡内基非常疑惑，所以亲自上门来请教了。"

"那位'伟大的铁匠'问了我一个非常严肃的问题……"

"金钱的力量当然是不可小看的，但责任的力量才更加强大。有时候，**行动并非源于想法，而是因为想承担起责任。**"

"标准石油公司的人都是一群有责任心的人，他们都知道问自己：我的职责是什么？我怎样才能把事情做得更好？"

"那些回答并没有让卡内基满意，他又继续问我是如何做到的……"

"我从不空谈什么责任或者义务，但是我通过领导大家来创造一个充满责任感的企业还是能做到的。"

"我断然拒绝为了任何理由去责难任何一个人或任何一件事情。责难的结果只有一个，那就是失去部属的尊重与支持。一旦落到这种境地，你就好比是一个将王冠拱手让给他人的国王，再也无法控制一切。"

"在这个世界上没有常胜将军，不管是谁都会遭受挫折和失败。所以，一旦问题出现，我不会愤恨不满，不会不停地抱怨。"

"当然，我不会让自己放任自流。当事情没做好时，我会先停下来反问自己的职责是什么。"

"当我明白真正的问题不是别人应该做什么，而是我应该做什么时，这只会让我变得更强大，而不是抱怨不已。"

"当然，我从不把自己视为救世主，也没有救世主的心态。我也自问：'在哪些方面部属们要为我负责？'"

"我将重大责任交给部属，并让他明白我对他充分信任，这无疑是对他最大的帮助。所以，我不会将部属应该承担的责任揽过来自己承担。"

"如果把自己当成拯救世界的英雄或正义使者，那就只会陷入'领导危机'的泥潭中无法自拔。"

"如果一个雇员对事关自己切身利益的事情都不在乎，我不相信他能对出色完成工作有多么渴望，那他就应该离开，另谋高就了。"

"我的部属都知道我做事的原则：在标准石油公司没有责难，也没有借口！我不会因为他们犯错而惩罚他们，但也决不能容忍那些不负责任的行为。"

"我的大门随时为部属敞开着，因此我很少犯错误。他们可以提出高见，或是纯粹来发牢骚，但是一定要用一种负责任的方式。这样做会增强我们彼此间的信任。"

"当你静下心来真诚地倾听其他人说话时，你就会放下内心的防卫，这样做你会得到很多好处。"

"最让人高兴的是，当你全神贯注地倾听后，原来的陈述者也会更愿意反过来认真倾听你的意见。当你作为一名积极的倾听者，且拿出了百分之百的注意力时，就会抛却那些先入为主的观念，并敞开胸怀开展一场更有效率和意义的对话。"

第 29 封家书：天下没有免费的午餐

1911 年 3 月 17 日

一个人一旦养成某种习惯，不管是好是坏，这种习惯往往会伴随着他。吃免费午餐的习惯不会使人步向坦途，只会使他失去赢的机会。而勤奋工作是唯一可靠的出路，工作是我们享受成功需要付出的劳力，财富与幸福要靠努力工作才能得到。

从 1901 年洛克菲勒医学研究所成立到 1911 年，洛克菲勒投身慈善事业已经整整 10 年，即使如此，仍有人鸡蛋里挑骨头，因此，洛克菲勒想借助此信给约翰一些忠告。

"在这 10 年中，由于我投入的多是医药、教育等公共项目，收效慢，反而给人们留下了捐钱少的假象……"

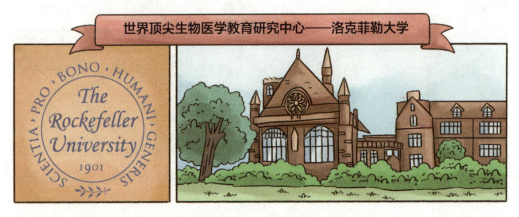

世界顶尖生物医学教育研究中心——洛克菲勒大学

"记得当时有人责怪我，说我吝啬，捐款不够多。"

"面对当时媒体的无知和苛刻，我回应他们的方式只有一个——保持沉默，因为我清楚自己站在正义的一方。在这里，我给你讲一个故事。"

免费午餐的危害

从前有一个农民圈养了几头猪。有一天，他忘了关猪圈门，结果那几头猪便趁机跑了出去。经过几代繁衍后，这些猪变得越来越聪明，而且还非常凶悍，甚至威胁到了过往的行人，就连那些经验丰富的猎人也抓不住它们。

有一天，一位老人骑着一头驴子，拉着一辆装着许多木板和粮食的车，说要来帮他们抓捕这些野猪。

村民们一听就哈哈大笑，不相信他能做到。但是，出乎人们意料的是，两个月后老人回来告诉村民，野猪已被他关在山顶上的围栏里了。

老人笑着讲述自己抓猪的过程。首先，他找到了野猪经常吃东西的地方，然后就在空地上放一堆粮食当诱饵，野猪最终经不住诱惑吃了起来。

第二天，老人在放粮食的不远处钉上了一块木板。野猪起初不敢靠近，但是这些"免费的午餐"实在是太有诱惑力了，它们又跑回来继续大吃起来。

就这样日复一日，老人不断增加木板，打上角桩，直到安好围栏的门。不劳而获的习惯让这些野猪毫无顾虑地再次走进围栏，就这样它们被抓住了。

"这个故事的寓意很简单：当一只动物要靠人类供给的食物存活时，它的机智也就会被夺走，然后它就只剩下顺从的命运。如果在一段时间内持续给一个人提供免费的午餐，他就会养成不劳而获的习惯。"

"作为一个富人，我有责任成为造福人类的使者，但我不能成为制造懒鬼的罪魁祸首。免费吃午餐的习惯不会让人走上坦途，反而只会让他失去获胜的机会。"

"在很久很久以前，一位聪明的老国王想编一本蕴含各个时代智慧的书，来帮助子孙们照亮前进的路。于是，臣子们编出了长达 12 卷的巨著。"

"为了让人读到重点。在老国王的要求下，臣子们将 12 卷浓缩成一卷，然后又浓缩成一章、一页，最后浓缩成了一句传遍天下的话——天下没有免费的午餐。"

"**一个人只要活着，必须为自身和世界创造些价值，留下一些足以让人铭记的东西。**而那些吃免费午餐的人，迟早会连本带利地还回去。"

第 30 封家书：要懂得知人善任

1912 年 11 月 17 日

一个事事亲力亲为的老板往往不是好老板，因为老板不是万能机器，毕竟术业有专攻。要成为一个"轻松"的管理者，首先要成为伯乐，善于发现每个人的优点，让每个人去做自己喜欢和擅长的事情。

约翰经过几年历练，在管理公司上越来越得心应手，甚至总结了自己的理论，这让洛克菲勒非常欣慰。父子俩在信中交流起如何用人的智慧……

约翰明白了父亲的做事原则："做你喜欢做的事，其他的事交给那些喜欢做那件事的人去做。"

"不让下属拘泥于刻板的工作职务，而是想办法去发掘每个人的长处，并激发他们带着热情投入到工作中，由此锻造出最为强劲的生产力。"

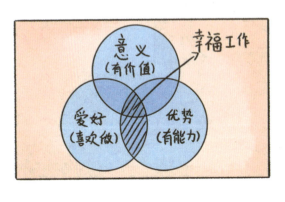

"我曾读到过这样一句话：最完美的人，就是那些全身心投入自己最擅长的工作的人。我将这句话引用为我的管理理念：最能创造价值的人，就是那些彻底投身于自己最热爱的领域的人。"

为热爱而奉献

"每个人都忠于自己的天性，都想成为自己想要成为的人，去做自己喜欢做的事就是实现这一点的最好途径。"

梦想还是要有的，实现了就会获得双倍的快乐！

"如果你不是做自己喜爱的事情，就很难有创造力。指望一个失去动力的人出色地完成工作任务，这和指望一个停摆的座钟能准确报时又有什么区别？"

没兴趣！不懂！不想干！

"然而，让人遗憾的是，很多管理者并不理解员工'忠于自己'的诉求，结果白白花费了时间和精力却没什么效果。"

"我从不把自己的好恶当作选拔人才的标准，我看重的是他们在工作中展现出来的能力，而不是他们身上贴着的标签。"

"我不会对下属的弱点说三道四，而是极力地寻找他们身上具有的最好特质，让他们的才能在工作中充分展现出来。"

"我虽然滴酒不沾，但重用了嗜酒如命的阿奇博尔德，因为他有超凡的领导天赋和才能，为人幽默，侃侃而谈的口才可以让他纵横谈判桌。在由对手变为合伙人之后，我一直对阿奇博尔德青睐有加，不断地委以重任，直至提拔他接管商务部。"

"他已经证明了自己是一位天生的领导者，他的职业生涯多姿多彩。我敢说，如果他没有那些不良习惯，他的成就会更加辉煌。"

"**一个人不能主宰一个集体，要想取得胜利更要靠集体的凝聚力。**我所取得的任何荣誉，都不是我一个人单打独斗的结果，靠的都是集体的力量。"

第31封家书：成功就是和时间赛跑

1914 年 6 月 21 日

一个人无论积累了多么丰富的经验，无论他的见解有多么高深，假使不懂得珍惜时间和金钱，那么其事业发展将会很受限。失去美好的意图，终是一无所获。

洛克菲勒是那个年代有名的长寿商人，这也意味着他不得不接连送别那些和他合作多年的老伙伴、老朋友。查尔斯这位老朋友的去世，让他感触良多。

"查尔斯先生经常用自己辛苦赚来的钱救助身处贫困泥潭的同胞们。凭借他那仁爱和无私的品格，我相信上帝会在天堂微笑地接纳他。"

"他那小心谨慎的性格，也常常导致我们因为一些小事而争吵，不过这丝毫不会减少我对他的尊重。"

"在标准石油公司，最高管理层有共进午餐的习惯。尽管我是公司的最高领导，为了表达我对他的敬重，我都会把象征公司核心的座位留给他。"

"对于公司其他员工而言，这一不起眼的举动，足以影响到整个公司的气氛，甚至影响了公司的业绩。"

"我们视'精诚合作'为生命，这才是我们强大的真正原因。查尔斯先生在这方面一直都是身体力行，堪称楷模。"

"我们身处同一个大家庭，互相信任，手拉手托起了我们共同的事业。你要知道，我们彼此可是合作伙伴，无论做什么事情都会以大家共同的利益为出发点。"

"我的话深深感染了查尔斯先生，他第一个站起来回应。"

"我与查尔斯先生有着共同的信仰，查尔斯先生最喜欢的一句格言就是：珍惜时间和金钱。"

"倘若一个人不能去实践，即使他积累了再多的箴言佳句，也都无法理解，更无法指导自己的行动；倘若没有美好的愿望和实现愿望的决心，也终将是两手空空。"

　　"然而在很多人身上，时间总是在无所事事中被消磨掉，是他们把时间看作自己的敌人；可是一旦有谁占用他们的时间，他们又会大发雷霆。"

　　"我们该如何利用时间呢？最重要的就是做好计划。我们要计划好每一天乃至每一刻，并且知道该思考什么，又该如何采取行动。"

"我记得在一次午餐会上，查尔斯先生向我们公开了他的赚钱哲学：赚钱不会让你破产！"

"他告诉大家：世界上有两种人永远不会富有。第一种是及时行乐者。及时行乐会让人更容易陷入负债的境地，成为可怜的车奴、房奴，一旦破产他们就真的完蛋了！"

"第二种人是喜欢存钱的人。这种人把钱存在银行，但这跟把钱冷冻起来有什么区别呢？钱是可以生钱的，我们可以把钱拿来投资，创造更多的财富。"

"浪费生命相当于糟蹋自己。**在我看来，我们不应该将安逸和享乐看作是生活的目标。**"

第32封家书：精神富足的人最高贵

1914 年 8 月 1 日

引导人们攀爬顶峰的动力，正是一种需要定期滋养和强化进而日益旺盛的驱动力。那些拥有成功人生的人，无疑都能体会到：高峰有很多空间，但唯独没有足够的空间供人坐下休息。

年迈的人总是更加重视精神世界，也许这就是经历风雨后的感悟吧。洛克菲勒希望小儿子约翰能够精神富足，于是写下了这封"精神修养指南信"。

"亲爱的约翰，你知道吗，我们的精神和身体一样也有'食欲'。但许多人让他们的心灵饱受'饥饿之苦'，却总忘不了满足身体的需求。"

"那些生活在沮丧、消极、忧郁等情绪中的人，都迫切地需要接受精神的滋养，听从心灵的召唤，但是他们宁愿让自己的心灵落满灰尘，也不愿去充实一下。"

159

"每一个已经到达或接近顶峰的人都是积极进取的。他们能够定期用良好、洁净、有力、积极的精神食粮来充实自己的心灵，因此他们都很出色。"

"如果能充实精神世界，就永远不愁填不饱身体，甚至不必担忧年老之后没钱可花和老无所依的问题。"

"你是否听说过伐木者因为抽出时间来磨利斧头而导致工作效率下降的滑稽之谈？我们花费很多金钱和时间去修饰外表，但我们是不是更有必要用这些金钱和时间来充实一下头脑呢？"

"充实头脑的精神食粮并不难找，书籍就是一种。**阅读书籍，我们将得以重生，让我们变得既聪慧又谦逊。** 我们要读那些对我们人生有帮助的书，如奥里森·马登的《奋力向前》，它就是一部震撼我们灵魂、点燃我们生命之光的伟大著作。"

"引导人们攀爬顶峰的动力，正是一种需要定期滋养和强化进而日益旺盛的驱动力。心灵像身体一样，必须定期给予营养才行。"

"那些成就斐然、取得辉煌人生的人无疑都认识到：在顶峰有很多空间，唯独没有供人坐下休息的空间 。"

第33封家书：会"要"才会"得"

每个人都深藏着一颗活泼、灵敏且富有力量的"贪心"。但你必须正视它并且热爱它，告诉自己我拥有贪心，叮嘱自己"我要"，我想要更多，只有这样它才会现身，助你成功。

自 1894 年《财阀与众利》一书出版开始，洛克菲勒就不断被指责贪心，尽管他没有在公众场合进行正面回应，但实际上心里也是悲愤交加……

> 人与人之间的偏见，就像是一座大山。

当时，很多人在报纸上指责洛克菲勒。这样的指责最早出现在他事业如日中天的时候，洛克菲勒想就这件事和约翰聊聊，于是提笔写下了这封家书。

> 竟然说我的石油里流的都是人血！

"亲爱的约翰，不知道你在面对被无端指责时会做出怎样的选择，给你写的这封家书表明了我的态度。"

"我把这些批评当成一种'颂扬'。正是'贪心'让'洛克菲勒'这个名字不再仅仅代表一个人，而是成为财富和商业帝国的象征。"

　　"我知道这样的'颂扬'无非是想诋毁、中伤我，将我创建的商业帝国渲染成让人生厌的铜臭公司，但我并没有因为他们的指责而感到惭愧。"

　　"更有意思的是，当你不如他们、贫困潦倒的时候，他们又会处处讥讽你，嘲笑你无能、愚蠢，甚至会把你贬低得一无是处。"

163

"如果我让那些人拿走我的财富，他们也会改变态度，但我决不会这么做！我唯一能做的，就是让嫉妒我的人继续嫉妒我！"

"如果你有一颗橄榄，就会想着拥有整棵橄榄树。我活了近80年，基本还没有见过一个不贪心的人，在商界更是如此。"

"说到'贪心'，我想起当年的老师。记得我高中辍学后，曾在福尔索姆商业学院克利夫兰分校进修了3个月。"

"一位老师在课上说：人人都说贪心不好，我反而认为贪心有时是件好事，人人都可以贪心。正因有了贪心，才会有希望！"

"自然界不是一个仁慈的乐园，而是适者生存、强者为王的战场。我们所处的文明社会也是如此。"

"在我看来，打开我们的贪心之锁，并不等于打开潘多拉盒子。释放出无时无刻不在跳动的贪心，就等于释放出了我们生命里无限的潜能。"

"你知道吗，我的'贪心'在 1863 年开始'膨胀'，那时安德鲁斯先生邀请我投身炼油业。"

"在最初的那段时期，每件事我都会亲自处理，忙得不可开交。我指挥炼油，组织铁路运输，费尽心机考虑如何节省成本……"

"让贪心指引着我们去实现成功，并不是罪恶之事。**成功是一种高尚的追求，当我们获得成功后对人类的贡献会远比贫困时要多**。我就做到了这一点。"

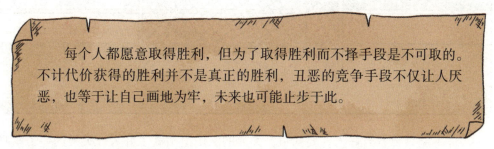

1918 年 8 月 11 日

> 每个人都愿意取得胜利，但为了取得胜利而不择手段是不可取的。不计代价获得的胜利并不是真正的胜利，丑恶的竞争手段不仅让人厌恶，也等于让自己画地为牢，未来也可能止步于此。

1918 年的洛克菲勒已经是 80 岁老翁，却还在和年轻人赌气赛车，胜利之余不禁沾沾自喜，于是给约翰写了这封充满竞争思维且激情澎湃的信。

"那些谴责我贪欲永无止境的人都错了，事实上我并不喜欢钱，我喜欢的是赚钱，是战胜对手、获得胜利的美妙感觉。"

"虽然没有什么事情比迫使别人出局更残酷无情了，但是你别无选择，你只能想尽办法战胜对手，只有这样你才能避免沦为失败者的命运。"

"你不能只想着当好人，要知道，失败的队伍里站满了好人，失败的痛苦本身就是商战的一部分，若没有奋斗到底的决心，就只能静静接受失败的结局。"

"我并不喜欢竞争，但我努力参与竞争。每当遇到强劲的对手，我内心争强好胜的火苗就会被点燃；当它熄灭时，我收获的就是胜利和随之而来的喜悦。"

"写着写着，我回想起当年和伯兹先生的对垒……"

19 世纪 70 年代，美国石油开采地大部分集中在宾夕法尼亚州西北部的一个不大的地方。

"那个曾经戏耍过我、后来又转头向我求合作的宾州铁路公司，野心勃勃地想要取代我，他们想要把油区两条最长的输油管道并入自己的铁路网络。伯兹先生当时是在宾州铁路公司的子公司——帝国运输公司当总裁。"

"坐视对手实力增强，就是在变相削弱自己的力量，甚至会颠覆自己的地位，我深知其中道理。我办事的信念就是抢在别人之前达成目的。"

"不出一年时间，我就控制了油区40%的石油运输业务，压制住了伯兹先生的进攻。"

"这只是我们较量的开始而已，**能在这个世界上出人头地的人，都是那些懂得去寻找理想环境的人。如果他们没能如愿以偿，就会拼尽全力去创造一个属于自己的理想环境。**"

"奥戴先生迅速带领他的员工不分昼夜地把输油管道铺到了布拉德福新油田，并顺利地签下了那里的采油商们。"

"采油商们个个都发了疯一样，恨不得一夜之间就把油全部采光，然后得意扬扬地揣着钞票走人。"

"我请奥戴先生提醒他们，开采能力已经远远超过了运输能力，因此他们必须减少开采量。然而劝说无果，我只好展开了全面反击。"

"我终止了与宾州铁路公司的所有业务往来，并与宾州铁路公司打价格战进行竞争。他们同时联系所有与帝国运输公司竞争的炼油厂，并以远低于对方的价格出售成品油。"

"为了与我对抗，他们忍痛给予我们竞争对手巨额的折扣。接着他们不得已采取了不得人心的裁减人员、削减工资的方法继续与我们抗衡。"

"愤怒的工人们为发泄不满，一把大火烧了几百辆油罐车和100多辆火车。最终，宾州铁路公司的股票价格一跌到底。"

"伯兹先生不愧军人出身，他还想和我战斗到底。但同样有着军旅生涯的宾州铁路公司总裁斯科特先生果断低下了他那高傲的头颅，派人来与我讲和。"

第 35 封家书：尊重别人就是尊重自己

1925 年 9 月 19 日

薪水和奖金的确非常诱人，然而对一些人来说，金钱并不能激起他们为公司效劳的欲望，但给予这些人更多的重视却能达到这个目的。每个人都渴望受到重视、赢得他人的尊重，希望自己的价值得到肯定，作为老板，这时就要学会善待下属。

洛克菲勒的标准石油公司发给员工的薪水是当时石油行业内最高的，他对员工的态度也是和善、尊重的，整个公司展现出势不可当的凝聚力和向心力。

很多老板只为员工从他们的口袋里"掏薪水"而心疼不已，反而对员工们的辛苦工作熟视无睹。洛克菲勒通过这封家书将自己多年的管理经验讲述给儿子约翰。

"如果一位交响乐团的指挥，想要呈现一场高水准的演出，但是他却转身背对自己的乐队进行指挥，你能想象结果会如何？演奏者们当然会用消极怠工的方式来'回报'他，把一切都搞砸、搞乱。"

"老板就像一位乐团指挥，他连做梦都想激励、调动所有员工的积极性，让他们尽可能多地为公司做贡献，帮助他演奏美妙的赚钱乐章。"

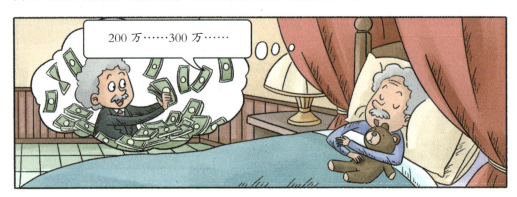

"我没有理由不善待我的员工，他们用辛勤的劳动装满了我的钱袋，我感激他们为公司的付出，更何况这个世界本就应该温情满满。"

"我不会像某些富人那样颐指气使、目中无人。我带给员工的是温情、平等与宽容，这些最终都可以归结到'尊重'一词上。"

"尊重别人是我们道德准则的基本要求，但我还发现它是有效的工具，能激励员工们更加积极地工作。"

"渴望被人重视，是人性最基本的诉求。我自己勤俭自持，但从没有忘记要慷慨地帮助他人，我从没有向别人催债、逼债的不良记录。"

"对于员工，我同样慷慨体恤。我不但支付他们比任何一家石油公司都要高的薪水，还让他们享受退休金制度，保证他们老有所养。"

"老板是员工的守护神，员工的问题就是我的问题。我既可以选择忽略他们的诉求，也可以选择满足他们的愿望，但我更喜欢选择后者。"

"依我看，每个人都渴望被欣赏、被重视。**每个人的脖子上都挂着一个无形的牌子，上面写着：请重视我！**"

"薪水和奖金确实很有吸引力，然而对一些人来说，金钱并不能让他们甘心效劳，但给予他们尊重就可以达到这一效果。"

"每个想要激励员工做出更大贡献的老板都应该切记，要让员工看到追随或效忠你是充满希望、前途光明的。"

"经常对员工表示衷心的感谢，也是有效的激励方式。没有几位员工会记得 5 年前得到了多少奖金，但许多人却永远铭记老板的赞美。"

"我喜欢在部属的桌上留张便条，写上我对他们感激的话。我这个慈爱的领导者写给他们的温暖、鼓励的话都留在了他们心中，并成为他们珍贵的箴言。"

第 36 封家书：成功的种子就在手中

1926 年 5 月 29 日

每个人都渴望成功，然而很多人却在不断逐梦中迷失了自己。你要相信你就是自己最大的资本，成功的种子就在你的手中。如果连你自己都不相信的事情，你是无法达成的，信念是推动你前进的力量。

洛克菲勒是美国人的财富和成功偶像，是众多年轻人学习的榜样。洛克菲勒把一位年轻人向他请教的经历记录下来，整理成下面这封家书。

这位年轻人问我，他缺少资本，如何才能创业致富……

"我无法拒绝这位年轻人诚恳的提问，思考后我回复道：'从贫穷通往富裕的道路永远都是畅通的，最重要的是你要坚信——我就是我最大的资本。'"

我从来都不擅长指导人生啊……

"我记得我在回信中给那位年轻人讲述了戈尔康达钻石矿的故事。"

"住在距离印度河不远的地方，有个名叫阿尔·哈菲德的波斯人，他很富有，也十分知足。"

"有一天，一位老僧人前来拜访他，跟他说：'如果你有一大把钻石，就可以买下整个国家的土地。若是你拥有一座钻石矿，甚至可以把你的孩子送上王位。'"

"哈菲德在当天晚上上床时，他就变成了一个'穷人'—— 这并不是因为他失去了一切，而是因为他开始变得不满足，他觉得自己穷了……"

"第二天一大早，哈菲德不管不顾地把老僧人从床上拉起来……'我想要庞大的财富。但是我不知道去哪儿找钻石。'老僧人终于明白了，他想起了昨天跟哈菲德说的话。"

"老僧人告诉他，只要在山里找到一条流淌在白沙上的河，就可以在河床的白沙里找到钻石。"

"哈菲德卖掉了自己的农场，又收回了所有的借款，把房子交给邻居照看，然后踏上了寻找钻石的路。"

"哈菲德第一站来到了月光山，然后又到了巴勒斯坦，接着又到欧洲，最后他花光了身上所有的钱，真正变得一贫如洗。"

"最后，他像乞丐一样站在西班牙巴塞罗那的海边，看到一道道巨浪越过赫丘力士石柱，他满怀悲愤，纵身一跃跳进大海……"

"哈菲德死后不久，他的财产继承人牵着骆驼在花园里散步，当骆驼把鼻子拱在溪水里喝水时，他突然发现，溪底闪烁着一道奇异的光芒。"

"几天后，那个曾告诉哈菲德在哪里能找到钻石的老僧人，来拜访这位继承人。当他看到架子上那块石头发出的光芒时，立即跑了过去……"

"老僧人吃惊地喊道：'这是钻石！哈菲德回来了吗？'然而，继承人告诉他哈菲德并没有回家。他们一起跑进后花园，发现了许多比这块石头更值钱的钻石。"

"这就是印度著名的戈尔康达钻石矿被发现的整个过程。著名的科·伊·努尔钻石就出自这座钻石矿，后来被献给了维多利亚女王。"

"每当我想起这个故事，就不免为阿尔·哈菲德感到惋惜。假如他相信自己能创造财富，就能在自己的花园里发现本应属于他的钻石矿！"

"这个故事激发了我宝贵的人生感悟：**你的钻石并不在遥远的高山与大海之间，如果你下定决心去挖掘，它可能就在你家的后花园**。最重要的是要相信自己。每个人都有自己的判断和努力的方向。"

"任何一个不相信自己、未能充分发挥自身能力的人，就是一个浪费人生的人。只有改正这种浪费人生的行为，我们才能攀上成功的顶峰。"

第 37 封家书：永远都要做第一

1931 年 3 月 15 日

"永远做第一"是一种强大而坚决的野心，正是这种野心支撑着人们奋进的步伐。拥有"永远做第一"的目标不一定能成就伟大的事业，但没有卓越的目标肯定不会有什么大成就。当然这个野心不是空谈，而是需要真正地拼搏才能实现。

晚年的洛克菲勒赋闲在家，商场上的一些老朋友经常来探望他，这天，"汽车大王"亨利·福特来了……

你这是怎么了，老伙计？

别担心，我只是感冒了，没什么大问题……

两位超级富豪聊起往昔，福特向洛克菲勒透露了他的成功秘密——没有野心的人成不了大事。洛克菲勒觉得两人交流的成功经验很有意义，顺手写了下来，寄给约翰。

我要让汽车成为人们的出行工具！

这破车怎么也没有马车舒服！

"福特先生就是一个新时代的开创者，他完全改变了美国人的生活方式。你看看大街上川流不息的汽车，就知道我说的话并不是恭维。"

"正是他将只有少数人才消费得起的汽车，变为了人们出行的必需品。他在创造这个奇迹的同时不仅让自己成为亿万富翁，也让我的钱袋鼓了很多。"

"福特既赚够了钱，又赢得了'汽车大王'的称号！福特先生所创造的成就，印证了我的一个信念：财富与目标成正比。"

"我似乎从不缺乏野心，在我很小的时候，我就梦想着成为最富有的人。在当时，对我这样的穷小子来说，这样的梦想简直就是天方夜谭。"

"穷小子时的洛克菲勒怎么奋斗呢？我相信为自己而努力奋斗，一定可以变得富有；但是我不相信为别人努力工作也能做到这一点。"

"想当老板，先得锻炼本领！在我走出学校去找工作的时候，就为自己设定了一个目标：一定要到一流的公司去工作，要成为一流的职员。"

"每天早上 8 点，我把自己打扮得精神飞扬，去参加预约的面试。但直到我把目标名单上的公司全都拜访了个遍，结果仍是一无所获。"

"经历连续的挫折后，我非但没有丧气、懊恼，反而更坚定了自己的决心。终于在 6 个星期后的一个下午，这条不屈不挠的求职之路结束了！"

"1855 年 9 月 26 日，我被休伊特－塔特尔公司录用了。我这一生都会把这天当作'重生之日'来庆祝，我对生日的感情也远远不及这天。"

"3 年之后，我带着超越常人的能力与自信，开始了为自己工作的生涯，创办了属于自己的克拉克－洛克菲勒公司。"

"当然，我不能因年纪轻轻就跻身贸易代理商行列而得意忘形，我告诫自己：你的前程取决于已经过去的每一天，你的人生终点是全美首富。"

"**我最常激励自己的一句话就是：对我来说，第二名跟最后一名没什么区别。**这就是我能够成为石油行业无可争辩的王者的原因。"

第38封家书：善于冒险才有机会

1936 年 11 月 2 日

小到怎样完成一件事情，大到某个重要决定，都必须在冒险与谨慎之间做出选择。有些时候，靠冒险获得的机会更多。在洛克菲勒看来，畏首畏尾的人永远吃不到螃蟹。商场如战场，敢于冒险是为商的必然之道。

1936 年的洛克菲勒已有 97 岁高龄，很难想象如此高龄的他依然充满斗志，奋笔疾书为约翰留下了这封指导信。

老伙计，这次是怎么了？

肯定不是感冒了……

"我看到报纸上介绍了刚刚赢了一大笔钱的莫里斯，还刊登出了他的人生格言：充满好奇才能发现机会，敢于冒险才能利用机会。"

这个年轻人，说出了具有哲理的智慧语。

189

"我很厌恶那些把商场视作赌场的想法，但我不排斥冒险精神，对于每一个人来说，生活提供给他的最伟大的冒险活动，就是去商海畅游。"

"我的人生旅程充满了丰富多彩的冒险，如果让我找出哪一次冒险对我的未来最具决定性，那无疑就是进军石油业了。"

"当时，我在农产品代销这个老本行上正做得风生水起，有人劝我进入石油业，思考再三后，我决定加入。"

"我一心专注于炼油业，苦心经营着公司。不到一年，炼油为我们赢得的利润就超过了农产品，成为公司的第一大业务。"

"尽管那个时候石油造就了许多百万富翁，但同时也使一些人沦为一无所有的穷光蛋。正是冒险精神，为我铺设了一条新的'生财管道'。"

"然而后来，正在我大举扩张石油业的经营时，却遭到了无知又自负、软弱又没有胆略的合伙人克拉克的反对。"

"在我眼里，金钱如粪土，如果你把它散出去，就可以支撑着做很多事情；但如果你把它藏起来，就会变得一文不值。"

"**如果我们对重要的事情也漠然对待，那么我们的人生也就走到了末路。**克拉克就是我成功路上的绊脚石，我必须和他分道扬镳。"

"1865 年 2 月，在经过一系列准备后，我向克拉克先生提出了分家，最后我们商定把公司拍卖给出价最高的买主。"

"我们两人在拍卖会上展开了激烈争夺，轮番加价，很快超过了 5 万美元，最终还是我毫不迟疑的加价吓退了克拉克。对我来说，那真是一场豪赌啊，我押上去的不过是金钱，赌出来的却是全新的人生。"

　　"我成了自己的主人，成了自己的雇主，从此不用再担心那些目光短浅的平庸之辈，跳出来阻碍我前进的道路了。"

　　"商人征战商场，冒险是一种不可或缺的手段。如果你想知道既冒险又不招致失败的技巧，只需要记住一句话：大胆筹划，谨慎实施。"

洛氏财商培养记：

14条零用钱备忘录

"财商教育"在洛克菲勒家族中一直占据非常重要的地位，是家庭教育的重中之重，"14条零用钱备忘录"就是其代表。

1920年5月1日，洛克菲勒的儿子小约翰在写给自己的儿子的一封家书中，对14岁的儿子列出了14条"财商"要求。

爸爸和约翰三世的备忘录——零用钱处理细则：

1. 从5月1日起，约翰三世的零用钱起始标准为每周1美元50美分。

2. 每周日核对账目，如果当周约翰三世的记账笔记让父亲满意，下周的零用钱增加10美分（零用钱最高金额可达到但不能超过每周2美元）。

3. 每周日核对账目，如果当周约翰三世的记账笔记不合规定或无法让父亲满意，下周的零用钱将减少10美分。

4. 在任何一周，如果没有可记录的收入或支出，下周的零用钱不变。

5. 每周日核对账目，如果当周约翰三世的记账笔记符合规定，但书写或计算不认真，不能令爸爸满意，下周的零用钱不变。

6. 爸爸是零用钱标准调节的唯一评判人。

7. 双方同意将至少20%的零用钱用于公益事业。

8. 双方同意将至少20%的零用钱用于储蓄。

9. 双方同意每项支出都必须清楚、确切地记录下来。

10. 双方同意在未经爸爸、妈妈或斯格尔思小姐（家庭教师）的同意下，约翰三世不可以购买商品或向爸爸、妈妈要钱。

11. 双方同意，如果约翰三世需要购买约定范围以外的商品，必须征得爸爸、妈妈或斯格尔思小姐的同意，并将给予约翰三世足够的资金，找回的零钱和商品的价格标签、找零的收据必须在商品购买的当天晚上，交给爸爸、妈妈或斯格尔思小姐。

12. 双方同意约翰三世不得向任何家庭教师、爸爸的助手或他人要求垫付资金，车费除外。

13. 对于约翰三世存进银行账户的零用钱，其中超过 20% 的部分（见细则第 8 款），爸爸将向约翰三世的账户补加同等数量的存款。

14. 以上零用钱协定细则将长期有效，直到签字双方同时决定修改其内容。

以上协议双方同意并执行。

小约翰·D.洛克菲勒（签名）　　　约翰·D.洛克菲勒三世（签名）

青蓝